# Machina ex animus

Fabrizio Marrocchi

Editorial EVA

MACHINA EX ANIMUS

# Índice


**Sueños y otras memorias**    11

Praeludium PraeeGo    13

Confesión    14

Más allá del Sur...    16

Memorias del Hotel Metropolitano(III)    16

Florecer...    18

Mapas    19

65    21

Unum duo ¿quod?    22

Tus ojos...    25

Desvanecerse...    26

Complexu Cyprhas    27

Fábula IV: viaje dual    28

Árboles de plástico... (¡Juro que Esto no estaba aquí!)    29

Apology Girl    31

Cuerdas vocales corroídas    33

Soñé que morías...    33

Bordes, Opio    34

Fumée détaché de les fleurs rouges    35

Manuscrito de Voynich    36

One way...    37

Espejismos    38

Dead END    39

Fosgeno    40

Tragicomedia    42

Liafrancicé — 43

(In)Crédulo... — 45

Trascendental — 46

Séjoma — 47

Salidas fáciles — 49

Stanislavski — 50

Lo que pasa al dormir... — 51

35 mm — 52

Film Noir — 52

Monoton(í)a... — 53

**Iluminaciones** — **57**

Días extraños — 59

Infierno sepia... — 59

Bienvenida — 60

S.21 — 61

Canal 4 a las 3:05 p.m. — 61

Canales interoceánicos — 62

One of these days I will kill you in my sleep... — 63

Fiestas en los jardines — 64

Una de las últimas cenas — 65

Sundays in Mexico... — 66

Nueve noches de pecado — 66

Ahorcado de nombre Jaime — 68

Of mice... — 69

Idiocracia — 70

Ceguera — 71

KindergardenPictures — 72

Infracciones a la hora de Ser contradiciendo
con lo que consta de Vivir — 73

Una llamada...                                              73

Puta epiléptica                                            73

Rezo                                                        76

Esc                                                        77

Fanfje                                                     78

Oedipus Gehena                                             79

Tiempo                                                     80

Musas                                                      81

El trauco                                                  83

Aristocracia                                               84

Fantasma                                                   85

Aventuras diferentes en el baño público de siempre        86

Retratos manchados de negro                               86

Room Time                                                  88

Abigail                                                    89

El desierto                                                91

Orchidee                                                   93

**Reflexiones**                                           **95**

Memorias ebrias                                            97

Silencios                                                  100

31 de marzo                                                101

Caja negra                                                 102

Ayer                                                       103

Pi                                                         105

Entropía                                                   106

De teatros y otras historias                              107

En el limbo                                                108

Entre los ángeles y nosotros                              109

Aquella calle sin salida                                  110

Búhos                                                      111

+++++++++++++++++++                                        112

Oro                                                        112

Gaps                                                       113

Sus paredes                                                114

Sinceramente                                               116

Casa de atardeceres                                        116

Rapsodia L.                                                117

Let's sing to the last drops of doubt                      118

Copihue                                                    119

Cuando te canses de mí                                     120

Historias típicas                                          121

Tus vidas                                                  122

Sexo                                                       123

Volver                                                     125

Inscius Senex Transitus                                    125

Un paraíso que me hace querer llorar...                    127

Alexa                                                      128

Otoños                                                     130

11/11                                                      131

En el Norte                                                134

Agujeros de diversas e infinitas profundidades            135


Carta a comunidad lectora                                  139

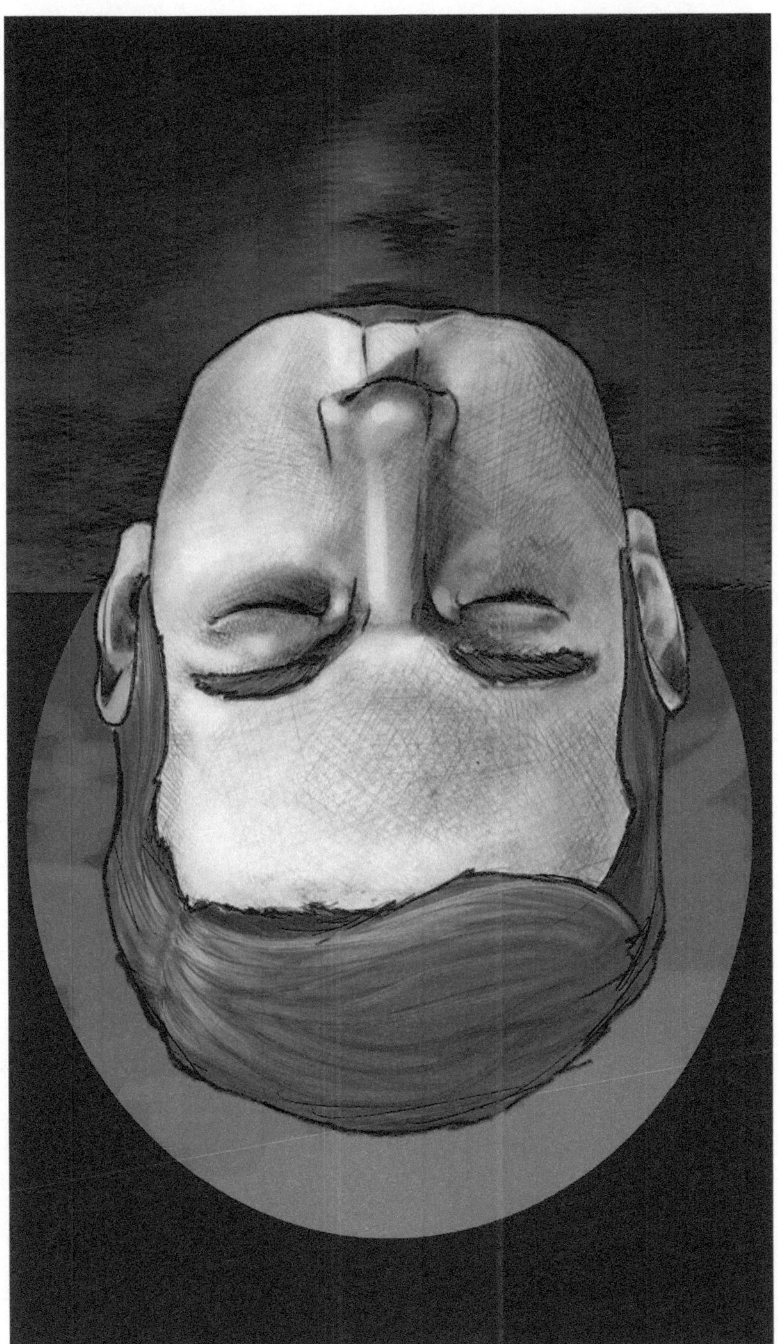

# I
# Sueños y otras memorias

# Praeludium PraeeGo

No fue hace mucho
 y no creo que nada de aquello haya cambiado.
Fueron en aquellas oscuras sendas,
las que se mueven al compás de las aguas fértiles del río,
las sendas que a la vez iluminan el centro de mi cabeza
Que me hacen elevarme con la brisa.
Muy lejos de aquí
me muevo, sin realmente poder hacerlo…

Cuando la lechuza se me apareció y me dijo
que tomara los símbolos de la realidad
como invaluables palabras escritas,
como aquellas dudas que conmocionan el existir,
como un sentir intenso que queda marcado en la piel…
Con símbolos en mis ojos,
con símbolos en el cielo,
y símbolos en  el resplandeciente cuerpo de esta tierra,
todos ellos me hacían símbolo a mí.

Volví a tomar un poco del jugo de aquel chamán,
a todos nos ha hablado  (nuestra (in)consciencia)
sería peor que se negara,
yo no voy a mentir por ahora,
podría ser
que uno de estos días
una madre me vuelva a parir.

Y con una nueva vida
profundizar en
¿Quién soy?,
¿Dónde estoy?
¿Qué pasa con el fin?

Pero solo se pregunta desde adentro,
porque ahí es  donde ya se conocen las respuestas,
pasadas y futuras.


## **<u>Confesión</u>**


Padre, perdóneme; porque he pecado.


Porque no puedo ser como este mundo quiere que sea
y cuando trato,
no puedo hacer lo que los demás quieren que haga.
Perdóneme, porque creo que estoy enfermo,
algo me impide apreciar la belleza en las cosas y vivir con
ello…
Algo me impide diferenciar el cielo del infierno.


Padre perdóneme, porque no logro ser feliz...
Porque busco respuestas más allá...
Porque no confío,
porque dimito del ser.


Perdóneme, porque a veces tengo fantasías donde todo llega
a su fin,
donde  todos mueren trágicamente, principalmente yo.
Perdóneme porque no se puede huir de la fría y despiadada
naturaleza.


Padre perdóneme, porque quiero todo aquello que no tengo...
Porque creo que todas mis preguntas son respuestas a mis
pecados.
Porque a veces quiero volar...
Porque quiero bailar un último tango...

Perdóneme, porque dudo de esta realidad.

Porque todos los días me pierdo y no sé qué lado del espejo
es el correcto.
Padre, perdóneme porque todos los días me tiendo en la sed
mortal...

Estoy maldito.
Intento correr, sin ni siquiera caminar...

Padre perdóneme, porque sé lo que está pensando mientras
digo esto...
Perdóneme, porque sé cómo es cada persona, su premisa
inicial, cada acto, cada suceso.
Creo que esta vida no es tan incierta como creemos y tiene
fallos de gran magnitud...

Perdóneme, porque aunque no me lo crea, sucede que yo
nunca olvido, nunca lo he hecho, nunca lo haré.

Porque divago todos los días...
Porque intento sacar mi alma de esta cárcel que llaman cuer-
po...
Porque no entiendo eso que llaman amor...

Porque muchas cosas dan vueltas dentro de mí y me hacen
girar a mí también,
perdóneme, porque a pesar de esto, todavía me guardo muchas palabras más.

No soy como los demás.
A veces deseo limpiar mis restos con la Mona Lisa...
Y ver todo arder...

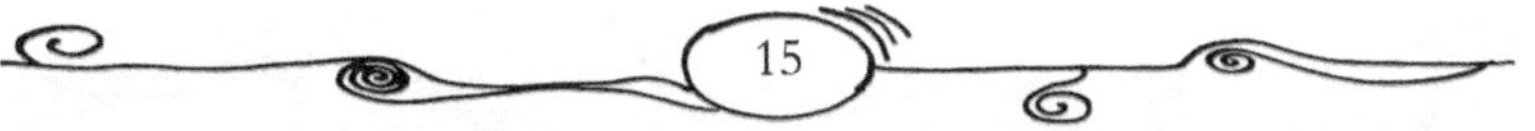

Padre perdóneme, porque no soy yo...
Porque sólo cuando se pierde todo, somos libres.

Padre perdóneme,
porque yo no creo en esto;
solo rezo porque tengo miedo.

## Más allá del Sur...

Con mis ojos cerrados,
entro en este castillo…

Camino y lo admiro, por un momento.

Me pregunto a mí mismo:
*¿He estado aquí antes?*

## Memorias del Hotel Metropolitano (III)

Esta noche San José está completamente dormida,
pero la mantienen viva los recuerdos
que vuelan en el aire, a través de los suspiros
y caen en las calles, terminándose de perder en las alcantari-
llas…
Me siento en una orilla de la cama,
enciendo la hierba en mi pipa,
tomando tres sorbos rápidos del té,
las palabras vuelan y las imágenes se reproducen,
mis sentidos empiezan a mezclarse rápidamente con el univer-
so…
Todo se vuelve parte de mí.
Desde un tercer piso y un pequeño balcón

veo las luces de la ciudad, que se reflejan en el humo que
camina con la briza,
Escucho personas hacer el amor y siento a personas llorar
hasta caer dormidas,
siento y abrazo sus miedos.
El miedo de no despertar,
el miedo a lo que vendrá,
el miedo al amor y al no poder dormir,
el miedo a no poder despertar y a la traición.
El miedo que se produce al dudar de nuestra seguridad,
el miedo de nosotros mismos un día más.
Veo pequeños latidos que se elevan y se pierden al igual que
mis pensamientos…
Renacen las imaginaciones, que alimentan las calles
y la hacen parecer sagrada, glorificada y siempre perturbada
y por un segundo, lo entiendo todo bien.
Mi corazón deja de latir.
En este momento,
desaparecen los recuerdos
y el cielo se vuelve de un color refulgente…

Cientos de manos vienen a mí,
respiro profundamente la lluvia seca de este mes,
respiro profundamente las palabras que he dejado ir,
caigo en el suelo, y todo techo deja de existir …
El coro se reproduce desde diferentes ángulos,
en pasillos gigantes que se vuelven parte de mí.
Nunca es el mismo lugar el que se proyecta
y el miedo no se consume,
porque no dejo que me consuma tampoco...
Hay una canción
que suena de lejos, se reproduce de forma analógica
y poco a poco va iluminando sus pasos.
Hay una canción que suena en las nubes, en el olvido,
en el sol y antes de caer a dormir…

Hay una canción a la que temen los búhos antes de morir…

## **<u>Florecer…</u>**

Suena despacio
la voz de lejos,
mientras me dirijo
a lo profundo de tu jardín…

Altares de piedra
que me muestran el camino,
la dirección de los ojos
y el aire siempre contradictorio…

El fin de este viaje
no es entender nuestra existencia,
es entender,
cómo llegamos aquí…

Tu jardín arde
en latitudes magistrales
y mis manos me arrastran
en medio de las cenizas…

Y creo las palabras
que se repiten clementes en el cielo,
cierro los ojos
y trago el espectro…

Es tu jardín,
en medio del agua,
donde floto desnudo
y la espuma empieza a cubrir mi cuerpo…

Hace tiempo
que no estaba tan perdido
como cuando me miento
y me hallo en el jardín
de infinitos diálogos
y sombras escondidas...

Camino hacia tu jardín
dentro de la tierra,
las capas crean un cielo,
aún más real...

## Mapas

Cada día sueño nuevas escenas contigo,
quisiera tenerte tan solo una vez más,
mi alma se empieza a corromper y puede que una última lágri-
ma se llegue a derramar…

Pasamos por miles de calles,
por las que ahora camino solo…
No llevábamos equipaje,
tan solo el uno al otro y unos cuantos mapas…
No llevábamos equipaje, solo mapas.

Me miro en el  espejo y me asombran las grietas sobre mi piel,
cuentan más de quinientas historias que me han traído hasta
hoy.
Trago preguntas a diario, que no puedo pronunciar,
borro ideas que lastiman mi mente cada vez más…

Cientos de fotos tiradas por la habitación,
tan solo me aprendí el inicio de esta canción…
Fotografías son tragadas por la humedad…

Y yo, simplemente, me hago uno con las paredes…

Pasamos por miles de calles,
por las que ahora camino solo…
Una de estas fue el escenario de un "Adiós"…
Nunca llevamos nada más
y ahora las memorias son el único equipaje…
Y los mapas que en mi mente grabados están.

Historias se repiten una y otra vez…
Recuerdo aquel enero en el que pretendíamos que todo estaba
bien…
Acordé esperar en la estación del tren,
beso amargo y sangre en la pared…
No fue el último viaje que iríamos a emprender.

A veces sueño con volverte a ver,
que mis brazos te rodean y te tengo, como hacía rato lo dejé
de hacer…
Un Adiós que aún trago,
mil pensamientos que intento desaparecer…

Algún día nos volveremos a ver…
Solo soy otro tonto en la ciudad…
El cielo se abre ante mí
y hay que enfrentar la realidad.
Pero nunca te escucharé pronunciar mi nombre otra vez…

Pasamos por estas calles mil veces…
Aún tienen el brillo de tus ojos cuando te conocí
y estos mapas que llevo conmigo…
Aún tienen manchas de sangre del fin.

## <u>65</u>

Ciudad de los suspiros,
con cada paso
en el fondo se
robará una parte de mí...

Un viaje gris,
en los adoquines de tu larga vida,
me acostumbro al olor del armañac
y una parte de la ciudad se hace en mí...

Yo me detengo,
el mundo acelera...
Todos pierden la cabeza;
yo me pierdo aquí.

Todas las historias,
todas las lágrimas,
aquellos enormes desfiles.
La sangre.
Discursos que no se dijeron
y discursos que nos trajeron aquí.
Alimentan las calles...

Nadie habla,
todos viven,
todos se pierden en un suspiro
y desaparece en ellos una parte que estaba ahí...

El calor que produce la fotografía
para recordarme
que cada segundo
es pasado...

## **Unum, duo, ¿quod?**

En páginas anteriormente escritas...
Listas eternas,
memorias incompletas...
Saber que cuando despertaste
escuchaste las últimas palabras que pronuncié...
177 huesos perdidos,
levantándose sin poder caminar...
¿Qué más iré a encontrar?...
Rutinas infinitas que no me dejan escapar...

Empieza el conteo...
¿Si decís creer en la realidad, por qué no creés en mí?
Siento un ritmo en mis ojos,
mientras me guío en mi inconsciente...

Una (1) vez
Me caí hacia delante...
Una (1) y Dos (2)
Nunca más pude ver...
Una (1), Dos (2) y Tres (3)
Las calles por las que caminé...
Una (1), Dos (2) y Cuatro (4)
Una vez me amaste...
Una (1), Dos (2) y Cinco (5)
Mil veces me odiaste...
Una (1), Dos (2) y Seis (6)
Tu voz, un vacío eterno...
Una (1), Dos (2) y Siete (7)
Las ventanas totalmente aparchonadas...
Una (1), Dos (2) y Ocho (8)
Nunca reconocer tu mirada...
Una (1), Dos (2) y Nueve (9)

De rodillas, amordazado otra vez.

Hay criaturas que se miran con lástima
pues no son capaces de volar...
Hay aquellas ciudades que en ruinas quedaron después de
explotar.
Hay colores de olor eterno,
hay canciones que estoy seguro, no volveré a escuchar...
Aquellos vestidos que usaste en aquellas largas noches.
El porqué de los silencios que me hacían respirar...
Las flores desparramadas en el porche,
frases que quedaron escritas con sangre en el espejo...

Una (1) vez
Recuerdo, me fumaste...
Una (1) y Dos (2)
Me abrazaste para no soltarme...
Una (1), Dos (2) y Tres (3)
Me negaste...
Una (1), Dos (2) y Cuatro (4)
Mentiste como si fuera tu arte...
Una (1), Dos (2) y Cinco (5)
Nos incendiaste...
Una (1), Dos (2) y Seis (6)
Me disparaste...
Una (1), Dos (2) y Siete (7)
No logro recordar...
Una (1), Dos (2) y Ocho (8)
¿Las heridas dónde están?
Una (1), Dos (2) y Nueve (9)
Tuve que obligarme a ver la verdad.

Desperdicios en cada lugar que vuelvo a ver,
alguien que creí conocer...

Yo que me creía actor,
de esta película eres lo mejor.

Tiempos de enemigos públicos y estatuas en el balcón...
Las narices nos direccionaban con rencor...

Una (1) vez.
Volviste...
Una (1) y Dos (2)
No te logré escuchar...
Una (1), Dos (2) y Tres (3)
Tu rostro deformado...
Una (1), Dos (2) y Cuatro (4)
Discapacidad mental...
Una (1), Dos (2) y Cinco (5.
Me besaste...
Una (1), Dos (2) y Seis (6)
Te burlaste...
Una (1), Dos (2) y Siete (7)
El Niño Jesús en el portal...
Una (1), Dos (2) y Ocho (8)
¿Los meses dónde están?
Una (1), Dos (2) y Nueve (9)
Tapo mis ojos con mis manos,
camino entre lava...
Qué lástima que no puedas brillar en el cielo...
No queda nada más.

Una (1) y Dos (2)...
El final.

## <u>Tus ojos...</u>

Hasta el momento en que vi tus ojos;
fui capaz de escuchar tu voz.
El pasado producía
escalofríos en mi interior...
Es curioso cómo las marcas
pueden seguirnos para siempre.

Meses rondando en la carretera,
con el fin de intentar no existir.
Años en cuartos de moteles fríos;
donde nunca pude dormir,
donde morí más de una vez
y un sexo crudo,
para que el vacío me terminara de tragar.

Recuerdo a los niños jugando en las calles,
cuando solo ahí parecía haber paz...
Recuerdo cómo la inocencia fue olvidada para siempre.

No importaba estar vivo mañana,
por hoy todo está bien.
Hay que seguir moviéndose,
aunque se sea miserable...
Seguir moviéndose,
para huir de los recuerdos...

Y fue entonces,
tantos años después,
cuando no podía estar más perdido,
que en mi mente me enfoqué,
en una imagen que había olvidado...
Hasta que vi tus ojos,

pude escuchar tu voz.


### **Desvanecerse...**

Perdido en las calles de este inconfundible sueño,
mi única acompañante es
la luz que se refleja en la niebla,
mi sombra
y mi voz de tono desesperado...

No encuentro un camino,
no encuentro una salida,
¿y cómo encontrarla?,
si ni sé cómo entré aquí.

Los escalofríos me hacen saber,
que algo más se acerca.

El polvo de mis huesos se disipa,
cuando me sopla el viento
y me siento tan muerto,
como las voces que suenan aquí.
Mis sueños me advierten,
que algo más se acerca...

No existen noches de calor,
no existen más noches para soñar,
no existen noches para dormir,
solo noches para dudar,
para volverse paranoico
y sufrir gritando cuando nadie parece escuchar...

Las voces en coro repiten;
algo más se acerca...

## **Complexu Cyprhas**

I: Sensopercepción

He viajado mucho,
a veces por desiertos
que se llenan con olvido...
Entre la oscuridad en el no poder hablar,
en el no poder ver más allá,
en el esconderse tan adentro...
Y después;
dejarse ir...

No necesito equipaje,
no necesito palabras,
ni siquiera de una consciencia...
Solo dos pies que no dejen de andar...

A veces quisiera perderlo todo otra vez,
quedarme en compañía del frío y la soledad,
llenarme de todo
y ser nada.
Solo para volver a sentir...
(O creer...)

Subí a la cima del monte,
mientras el entorno jugaba conmigo,
desarrollando el espectro de mi interior
en dimensionas completas;
se me mostró todo...
Ceros complejos...
Que se extendían desde la nada
y me llenaban, entrando por el centro de mi cabeza

se me mostraron palabras,
se me mostraron imágenes,
que no iría a entender...
Me llenaron los sonidos
 y el ambiente me besaba...
El llenarme inexplicablemente,
me hacía danzar mientras proyectaba lo que veía
por medio de mi frente...
Lo vi todo,
lo entendí todo...
Y tal vez, ahora era nada.


II. Collectivum Inconscium


...Y busco por inspiración,
en el lado equivocado del pueblo...
Se degrada el oxígeno del cielo...

Puede que esté:
Muy drogado, para ser verdadero.
Muy creativo, para ser imaginario.
Muy despierto, para ser falso.
Muy enamorado, para darlo todo.
Muy deprimido, para morir...

Se deshace el aire en mi piel.
Se cae el cielo y se descorona el mar.
Se mezcla todo con mi estado mental.
Puede que sea muy dios...
Para ser, omnipotente y omnipresente.

### **<u>Fábula IV: viaje dual</u>**

Hojas llenas de dibujos.
Hojas llenas de palabras.
Me hacen dejar mi alma a un lado.
Me hacen querer esperar el alba.
Vos que querías escuchar una canción diferente
una canción para relajar la mente.
Venís a mí y me decís:
<<*Querido ya pasó mucho tiempo, ya otro día pasó*>>.
Pero no te hago caso alguno...
¿Podrías escribir algo y quitarle ese amargo cianuro?
También deseo otro millón de cosas y qué...
Más allá de cuentos y tertulias
 dejá tu mente a un lado,
me aferro en el suelo para no caerme...
En eso aparecés,
<<*Oh querido, dejá que tu imaginación vuele,*
*no seás otro tonto hombre errando en no lugares...*
*¿Acaso no podés ver brillar el sol?*
*Sentí ese calor, sentí el viento soplando en tu corazón,*
*no podés despegar sin alas para volar...*
*Acompañame, dejá ir tu imaginación...*>>.
Desearía dejar de divagar... Desearía que ella no fuera un
dibujo más...


## **<u>Árboles de plástico... (¡Juro que Esto no estaba aquí!)</u>**

En cierto lugar del desierto;
brisa caliente, imagen irreal.
La arena parecía elevarse como mi alma y terminaba fundiéndose en mi piel...
Allí fue donde conocí a una vaca de aspecto poderoso, sus
orejas me recordaban a rulet-as

y sus ubres eran creaciones borrosas y monstruosas de mi
propia mente...
Su nombre era *Aire*.
<<¿Qué quieres de mí?>>, pregunté
No me respondía,
solo me observaba, directamente, burlándose de mí.
De mi inmunda e inmaculada condición...
Le grité. Le gritaba y no hacía nada,
la ira y el miedo se apoderaron de mí, a punto de volverme
loco;
así sus orejas recrearon ruletas nuevamente y con una voz
femenina y amable me dijo:
<<Corre>>.
No pude hacer nada más.
Corrí...
Corrí en el desierto.
No había nada más...
Que yo.
Ignorando mis propias creaciones...
Lleno de pánico y euforia,
llegué al fondo...
En una fosa completamente surreal...
Apenas podía escuchar mis pensamientos debido a la presión
del agua...
Mientras la oscuridad continuaba el desarrollo de la deforma-
ción en los otros seres vivientes.
Nadé y nadé, buscando luz.
<<¿Qué quieres de mí?>>, pregunté amenazante.
<<Corre>>.

## **Apology Girl**

Nubes de conspiración
de eterna e imprescindible combustión.
Dame alas
o muéstrame la urna.
Sujeto su mano
y rezo para que esas pesadillas
no se apoderen de mí.

Fueron sus ojos tan dulces y tan tristes.
Su corazón que parecía arder entre llamas.
Aquel infierno que pasaba
y entre tantas cosas,
mi intuición macabra…
Es su palabra la que cala,
pero se herrumbra y calla
justo cuando todo parecía deslumbrar.

Hay un chirrido inconsistente
con toda la falsa gracia
que gira alrededor
pero su espíritu me hace
querer estar aquí.

Dice que irá a España
una temporada al sol
y tal vez dos enterrada,
en la nieve,
debajo de un puente,
tal vez adornando con su sangre
el decir "adiós".

La piel que conocí,

quería cambiarla.
Pero no decía nada,
solo hacía que avanzara
y buscaba convertirse en su oscura y falsa redención…
Y tal vez había más que eso,
en algún otro lugar.

Decidió caer una vez más,
en su inquebrantable estado
de bella durmiente,
de sueño angelical.
Quería liberarse.
Visitar el jardín donde el alma puede soñar.

¿Pero cuánto más se necesita
Para sanar las heridas y entender esta vida?

Tal vez muchas,
tal vez solo una.

La mía se fue con ella,
al jardín de paz corroída
de gritos y tapabocas,
de mitos y su sonrisa
que juraba
<<*Habrá mañana*>>.

*(Hay formas de encontrar el paraíso en la tierra.*
*Pero ninguna de ellas son de la forma en que se busca.*
*A veces es imprescindible el caer en esos blancos jardines*
*donde el espejismo se anega a nuestro pecho y se implanta la idea de*
*"verdad").*

## **<u>Cuerdas vocales corroídas</u>**

Tarde o temprano, no importa cuándo...
Siempre supe que estos cimientos
nos iban a perdonar
porque nunca fueron construidos para nosotros.

Esas paredes nunca definieron quién soy
y chuparon de mi sangre hasta el fin...
Intentaron demoler las palabras y mi ser,
pero ahora se quedaron muy atrás...

Como magos de la tragicomedia,
se han vestido para enjuiciar
la incerteza de una adulterada humanidad...
Con manchas y restos de mí,
se despejan franjas de humedad que conforman
los restos del final...

Y aunque todo parece estar roto
todo se ve tan oscuro,
el cemento en mis pies que me impedía volar,
las paredes de cristal polarizado
nunca definieron lo que soy...
Nunca me hicieron parte de ello...
Nunca dieron fe de quién era...
Hasta el final,
fui yo...
Nunca me hicieron parte de ello,
hasta el final,
lo hice parte de mí...
Hasta el final,
con la frente en alto,
el regocijo del alba,

que hace florecer mi ser...


## Soñé que morías...


Días soleados
que se pierden en la temporada de lluvia,
mientras el humo blanco
flota en una habitación sin brisa.
En los que pienso que la psicología de la naturaleza,
ya es lo suficientemente lúgubre
y en los que intento recordar completamente mis sueños.

Pero ellos se perdieron...
En frente de la actividad inusual de mi cabeza
y de las voces  que arrullan mi inconsciencia.
Pero de algo estoy seguro;
soñé que morías.

Soñé que morías de todas las formas posibles.
Soñé que morías, sin voz, sin cara y sin nombre...
Soñé que morías todos los días,
hasta que no sé si aún sigues con vida.


## Bordes


El agua fresca y clara
se dispone a rectificar mi alma;
llenarme de eternidad y clara compasión
de llenarme de alegorías que bailan en mí
a llenarme de paz, que con un respiro profundo
y sin sonido, llega a mí...
En el silencio del mundo,
lejos de la guerra,

la estupidez,
el desdén,
la supuesta libertad...
...las piedras que se hundían en mis pies ya no las podía sentir.
Me llenaba y me revitalizaba,
como la brisa que golpeaba mi pecho...
¿Qué es eso que suena a lo lejos?
No lo sé...
Pareciese...
El inicio.

## Opio

Eres tú,
el místico humo del placer,
que encierras en las mazmorras de la inconsciencia
la forma de eliminar, el dolor de mi corazón...

De días y de noches,
se alaba al rey...
Aquel que vive en mí a través de ti...
De la espuma láctea de tu esotérica transformación...

En tus ojos se muestra la luz,
del fuego que en mí nunca había ardido...
Opio clemente, que le da paz a mi corazón,
me haces sentir de formas inmateriales que nunca experimen-
té...

Te necesito a ti,
rayo de irrealidad,
que se mueve a través de las pulsiones de mi corazón...

Te necesito a ti,

luz sobrenatural,
que limpia los rincones vacíos de mi alma,
donde las hierbas se desarrollaron...

Te necesito a ti,
mi amor.


## **Fumée détaché de les fleurs rouges**

De nuestras bocas
hacemos frotar una melodía celestial
que traslada los sentidos a niveles surreales
que alguna vez plasmó Dalí....

Es allí, en tu boca,
donde desarrollo un nuevo sentir,
más allá de los caballos de la exaltación,
se funde en el corazón algo que llaman amor...

Nuestros cuerpos crean
un aura mayor,
que desprende estrellas ocultas a los ojos bien abiertos,
se desprende lo único que existe entre los dos...
Una ruta sin regreso al amor...
Un viaje a los pastos de la primavera.
La mente se complementa entre los dos,
los humos se desvelan y se funden
cuando el dragón se despertó
salió de aquellas rojas flores
del jardín de nuestro propio corazón.

Nuestros ojos cerrados,
nos llevan a ciudades de paraísos y eternidades
que se sueltan con los mágicos besos del enamorado descon-

trol...
Un paseo por tus emes,
por la surrealidad del infinito que completo contigo,
flores bañadas en color,
cera pegada en los rincones del ardor,
respiros profundos
que abren la bendición del vivir,
solo contigo,
con lo que traemos los dos...
Con los techos que hemos creado en amor…


## **Manuscrito de Voynich**


Veo mi reflejo en el espejo...
Todavía permanecen muchos miedos de los que no se puede
hablar
y existe un destello
que se atrapa en lo morado del agua.
Más allá de las luces y el humo que danzan en el lugar al ritmo
de los artistas.
Deseo, necesito tanto que estés aquí.

En camas solas de hoteles recién construidos.
Inviernos infernales.
Cuando caigo en las ventanas
al igual que perros en las calles
que no se miran al pasar.
Cuanto deseo, cuanto necesito que estés aquí.

Encontré en ojos, un destello,
presente en las aberturas
en los baches.
Cerraste la brecha de mi ser
entre lo que imagino y puedo sentir

hubo un momento en que todos los dinosaurios entraron a
mí.
Se apoderaron de mí
de mi mundo.
Deseo, no sabes cuánto necesito que estés aquí.
Las botellas vacías para llenarlas con agua.
Ya no mato tiempo
creo que estoy viviendo
tus falanges tan pequeñas
tu forma tan compacta.

Sé que no te puedo dejar ir.
Somos Mente y cuerpo.
Dos soles en un mismo planeta empezando a nacer.
Una estrella empezando a morir.
Simplemente te estrellaste en mí
y yo lo hice en ti.
Soy el cosmos
y vos el infinito.
Deseo tanto que estés aquí.

## One Way...

Solo arranca y llévame,
no me hables sobre la dirección,
no importa el destino.
Solo el camino...

Conduce y conduce mi canción...

Húndeme en tus aguas,
deja que me pierda...
Húndeme en tus aguas,
déjame ver...
Húndeme en tus aguas,

ayúdame a encontrarme otra vez.

Ruido de sirenas, crean la melodía.
Rostros fúnebres pintan el entorno...
Nadie sabe dónde está...
Nadie sabe qué más hay...

## <u>Espejismos</u>

Se nos fue el amor,
y no solo eso...
Con el tiempo,
nos habíamos perdido nosotros también...

Parecen eternos los recuerdos,
cuando uno cree que no existe mucho más;
mucho más que vivir en memorias,
como las que ya,
desde hace rato, no logro recordar...

Quiero escribir para desahogar,
sobre estúpidos e insignificantes cuentos
que sostenían la ilusión...
Quiero escribir para sanar,
creaciones de mi mente,
ficciones de las que me quise alimentar...

Se nos fue la ilusión,
pero ya no importaba,
la costumbre y la rutina,
éramos nosotros...

Vivir ciego,
para no sentirse inseguro,

hacerse daño,
con tal de tener calor...

Siento el viento, siento el frío,
me hacen saber que estoy vivo...
Negar el pasado,
construir mis propios recuerdos,
para poder vivir...

No son eternos lo momentos,
más cuando nos creemos Dios.

Se nos van rápido las memorias...
Cuando hemos desaparecido los dos...

Nos damos cuenta de los espejismos que quisimos crear,
que se desvanecen las fotografías y los reflejos,
dejando azufre y mis lágrimas con olor episcopal.

Veo mis ojos en el espejo,
el brillo ya no existe en ellos...
Aprendí de la mejor forma,
es tiempo de seguir...
Aprendí de la mejor forma,
ahora solo quedan marcas sobre mí.


## Dead END

*(La única certeza es la de morir).*


Un cristal se rompió frente a mí
cuando menos lo esperaba
mientras caminaba en un funeral.
A lo lejos se escuchaban las campanas de una iglesia

1, 2, 3... Resonando en mi cabeza.
Lleno de pesadillas que ahora son reales
y recuerdos que valen cuando ya no importan.
Así sigo caminando en este eterno pasaje
lleno de lágrimas, lleno de dolor.


Me encontraba en un cuarto, sentado en una silla y totalmente
solo.
Las luces se apagaron tres veces
y  aquel hombre volvió a aparecer
dándome noticias que no podría soportar.
¿Por qué?
¿Por qué me haces esto?
¿Acaso no he sufrido bastante ya?
Simplemente, esto no lo puedo aguantar.


Y así me encontré acostado en el suelo, con mis ojos llenos de
lágrimas.
Me levanté y corrí, mientras el reloj marcaba 3:34 de la mañana.
Corrí sin saber adónde ir.
No podía creer algo así...
Pero en algún momento, tengo que aceptar la realidad.
Así que descansé mi mente de un sueño sin fin
mientras las campanas seguían sonando en mi cabeza
y el Cristo de la pared me observaba fijamente.
Las fotografías en el suelo eran devoradas por la humedad
y así, me enfrentaba a lo único cierto, a lo único real
sé que a mi puerta algún día tocará.


*(Uno de los cataclismos más grandes en la vida de una persona,
es cuando lo que se cree, se corroe y se ahoga en algún sucio charco,
desprestigiado. El eterno afán de destruir y de abrazar lo que nos mata.
Desearía que este cigarrillo durara para siempre.)*

## **<u>Fosgeno</u>**

Alrededor mío todo es fosgeno, producido por ti…
Porque alguna vez pensé que eras mi amor y no fuiste más
que una ilusión.
Porque no siento lastima por mí, sino por ti…
Recuerdo aquellos días, en los que juraba que moría por ti…
En los que a veces me querías,
en los que creo, a veces te quiero…

Pero no me adelantaré…
Desperté cada día para no enamorarte…
Mientras jugabas a morir…
Mientras jugábamos a no existir…
Hay más cosas, que solo palabras y puntos aquí,
una de mil historias…
Para otras 400 horas…

El fosgeno entró en mi cabeza y me desmayó en el agua…
Como metal, mi corazón y mi cuerpo poco a poco se corroen
por ti…
Situaciones que solo pasan en nuestra mente,
maravillas de la condición humana…
Pero dolor que debe ser disfrutado.

Siento que te quiero… Porque no podré encontrar nada más
imposible que tu persona.
Porque es más fácil capturar el aire que tu corazón…
Porque prefieres tratar de ser alguien, alguien muerto, como
los demás…
Que esto, donde pudimos construir un nuevo cielo…
Pero todo va más allá…
Y solo suposiciones que pueden hacer que te conozca lo

suficiente…
Otra vida marginada y siento tanta lástima…
¿Alguna vez pensaste en mí?
¿Alguna vez te importé tanto como tus mentiras me lo juraban?
¿Alguna vez sacrificaste un bledo por mí?
¿Alguna vez me quisiste tanto, como yo, ya no trato de quererte?
Y así cada vida debe seguir su ruta, sola…
Y me burlo de mí mismo… Porque nos damos cuenta de quiénes somos.
Y dos años después te vuelvo a encontrar…
Más hundida que antes,
y no soy el único…
Te doy un cigarrillo, mi abrigo y lo suficiente para comida…
Sigo mi camino…
Mientras te quedas sola otra vez, secándote las lágrimas del ayer…
¿Qué más podría hacer?
Si solo serás otro personaje, para otra triste canción mía…


## <u>Tragicomedia</u>

Estas paredes que intento romper,
han sido testigos,
de que lo he intentado,
he intentado y he fracasado.

Y estas voces,
que sirven de coro,
me intentan arrullar,
en mi indefenso estado.

Muchas veces he rezado
y me he intentado liberar.
Muchas veces he caminado
pero siempre para atrás.

Las voces no se callan,
donde nace lo sobrenatural,
el miedo me llena
de un regocijo extraño.

No podría,
dejarme de mover.
No podría,
levantarme y no caer.

La imaginación renace
ambiciones que nos ponen a andar.
¿Que seríamos, sino animales?
Sin un poco de imaginación, que nos llenase.

Dejar las paredes deshacerse
y extender nuestras ventanas al infinito.
Agarrar nuestros pensamientos
y extenderlos a lo inconsciente.

Tal vez sí esté muy jodido.
Pero, ¿quién no lo está?

Los colores me llaman
a ser parte de ellos,
al igual que los sonidos,
yo los hago parte de mí...

## Liafrancicé

Me encontré, perdido en altamar…
No sabía qué pasaba, pero el aire apestaba a muerte.
Los días ya no eran como en algún tiempo atrás
a pesar del calor infernal que hacía en aquellos tiempos de
junio…

Me encontré en la habitación de un sucio hospital…
Después de cierta pequeña operación.
Letreros llenos de sarcasmo rodean mi cabeza
se burlan de mí…

Te encontré en la esquina de esa amarga habitación.
Desnuda, en estado fetal…
Me sorprendió la forma de tu cabeza y el tamaño de tus pies.
Me sorprendió la frase que usaste para presentarte…
Y que me hizo perder…

Me dijiste que podías cantar y actuar como Marilyn…
Me dijiste que eras feliz como cierto escritor…
Me dijiste que era de arándanos tu sabor…
Me dijiste que serías siempre libre, así…

Te conocí, de la forma más particular…
Y te nombré,
después de gritarte y seguirte…
Después de observarte…
Eras pura hemoglobina
después de retratarte…

Y así, te conocí…
Y así, te nombré…
A pesar de lastimarme, de vez en cuando y yo a ti también…

A pesar de lo inoportuno que pudiera ser…

Aunque temía sobre tus niveles de serotonina
y sobre los pasados que pudieran no existir.
Aunque temía de la cantidad de ruido que yo pudiera hacer
y de la máscara que iría a poner esta vez…

Aunque no estaba seguro de si tenías un cerebro o un cora-
zón…
Si sabías sobre la vida o incluso si eras mujer…
Temía que fuera muy temprano para empezar…
Temía que la luna fuera una con el sol…


Pero te nombré…
Y te sentó bien…
Eras pequeña y supiste hacerme tragar un incierto dolor que
traía.
Los ríos seguirán corriendo y el viento seguirá soplando…
¿Cómo abrirme tanto?

A pesar de mi terror a la ilusión,
aquella que afecta hasta la mente más tosca
el veneno será siempre peor…

Aun así tienes un nombre que yo te di…
Y aunque sea extraño…
Puedo aclarar que yo te he querido, Liafran-ci-cé.


## (In)Crédulo...

Creo en tus ojos
y creo en su iris que forma una melodía...

Creo en tus manos,
aunque pueden estar muy frías…
Creo en tu boca,
que puede pronunciar mentiras...
Creo en tus besos,
aunque pueden no ser completamente míos...
Creo en tu cabello,
aunque a veces me produzca sueño...
Creo en tu aroma,
que me produce sueños estando despierto...
Creo en tus juegos,
aunque sea yo
al que le falten algunas fichas...
Creo en tu casa,
aunque en cualquier momento caiga...
Creo en tu forma de cantar,
aunque nunca lo hagas...
Creo en tu arte,
aunque lo escondas siempre...

Creo en tus noches,
creo en tus días,
aunque en alguno de ellos,
podría llegar a morir...

Creo en algunas cosas,
porque creo que no sé en qué creer...
Pero sobre todo, creo en tu corazón,
porque sé que palpita...


## Trascendental


Posa tu sombra sobre mis labios,
quiero besarla

y quiero sentirla
recorrer mi cuerpo,
desde la corona hasta mis pies...
Como la muerte por medio de un escalofrío.

Posa tu sombra sobre mí...
Podremos fundirnos con el sol,
déjame abrazarla
y que destroce mis sentidos al entrar...

Deja que me vaya,
estas palabras son símbolos más que extraños aquí.
No hay mañana sin ayer,
no hay tu aroma sin mi imaginación...

Deja que me llene de ti
y se me vaya el aire,
eres simplemente memorable.
Me recuerdas que no estaré aquí,
por mucho más…

Quiero ahogarte con mis penas
y que me calientes con tu irreal amor,
quiero ver esas sonrisas tan poco sinceras,
quiero nunca escuchar tu voz...

Podría hacer hasta lo inimaginable,
cuando no hay nada más que dar,
quiero encontrar nuevas realidades,
dentro de ti...
La llave que abre un segundo corazón,
dentro de mí,
Sonidos sobrenaturales que asechan el porvenir...
No hay un para siempre
en las entrañas de lo inconsciente...

No hay certeza en las  palabras externas,
que no saben nada sobre cómo se siente.

*(Sentir tan fuerte un amor, como al miedo).*

## <u>Séjoma</u>

Podría hablar acaso,
del día en que te conocí;
¡Oh! ¿Cómo olvidarlo?
Creabas un contraste hermoso,
con todo el entorno.

Te vi con miedo.
Te vi con dolor.
Te vi con surreal amor
pues eras aquella que creía
podía hacerme sentir...

Y ahora me encuentro
perdido en mis memorias,
observándote,
Sentada en aquel jardín,
luciendo tu aroma que se unía con aquel sitio,
en el que el vacío que sentí
era solo un augurio de lo no puedo dejar ir.

Me encantaba la forma en la que te veías,
cómo sonreías,
pareciendo estar tan lejos de aquí...

Me acerqué a ti
y no se necesitaron palabras,
solo el estar lo suficientemente perdido,

para no querer perderse jamás…

Eres increíble,
una pieza de un rompecabezas ilógico,
tu ser
refleja otros tiempos que marcan
puntos infinitos
hacia lo desconocido...
Hacia lo que se encuentra
en el fondo del vacío.

Recuerdo el día que te vi,
el día que sentí amor
de forma tan platónica
como lo que soy...


## Salidas fáciles


Labios rojos en la piel
y sonrisas desgarradas en la pared.
Otro día de actuación
sin música de fondo que moleste la concentración.

No hay nada más que escribir
y aun así... Vuelvo a poner mi lápiz
en papeles anteriormente escritos
en una noche que espero no recordar.

El amor verdadero espera...
No hay nada hecho para la cena,
no reconozco mi reflejo.
El agua me quema.

Cabellos sueltos por buena salud,

calles limpias como mi ataúd.
Ruedas giran en mi cabeza.
Pastos celestes donde el polvo de mis huesos descansará.

La velocidad se alcanza sin frenos.
No permanecen las palabras de atrás.
Es ahí... Ahí mismo...
De donde podemos sacar ideas neutras.

El amor verdadero espera...
Toda muerte vale la pena...
Aruñazos en la cara
como pentagramas de una hermosa canción.

Y siento decir que estoy tan cansado
y que todo es tan borroso y falso.
No hay más sorpresas...
El aire es nada más que eso.

El aire es nada más que eso.
No hay más sorpresas...
No hay más esperas...
No te detengas...
¿Dónde cabe esto?...
¿Dónde se encuentran las razones que necesito?
El amor verdadero en una esquina espera...


## Stanislavsky


Me pregunto: *¿Qué pasaría si…?*
Creo que me he compenetrado en mi papel bastante bien…
Creo que he creído en el tiempo toda esta vida.
Creo que soy mi papel…
Creo que lo he llegado a hacer demasiado bien…

Pero hay muchos papeles en mí.
Stanilavsky…


## Lo que pasa al dormir...


Tal vez el dormir
es la forma en la que nuestra inconsciencia nos recrea
como vaga ilusión de nuestra propia realidad.
Tal vez al dormir
morimos por unos momentos.
¿Y quién se daría cuenta?
Si todos están igual de muertos que nosotros...

O tal vez estemos atrapados en el purgatorio
y al dormir es lo más cerca que estamos de un cielo.
De aquello que toda esta inconsciencia conforma.
La que nos forma.
Somos producto de ella.
Somos producto de lo que no existe en nosotros
pero somos realmente los que no existimos.
Y tal vez, al dormir, sea lo más cercano que estaremos a exis-
tir...


## 35 mm


Me veo al fondo de este inmenso pasillo.
Paredes que se extendían más allá de los rincones indescifra-
bles de la mente.
Un tono sepia y una escala de grises.
Mientras  veo cómo amanece a través de las ventanas de un
balcón.

Más allá de la transparencia de los cristales y el reflejo de mi alma

creo que logro recordar, a dónde llevan estas calles y de dónde soy…

Más allá del ayer y del mañana, todo es historia.

Miraba mis pies al descender, corriendo desde que sentí el suelo, atravesando cada op-ción.

Más allá de las decisiones incomprensibles, donde la luna baila con el sol.

Más allá del fondo de ese extenso pasillo.

Más allá del techo que se extendía hacia el infinito.

Una nueva sombra...

Una nueva forma...

Un nuevo nombre...

Una nueva guía...

Nuevos sueños...

Nuevas razones...

Nuevos caminos...

Una nueva fuerza...

Más allá de los enigmas de esta vida... De lo místico de mi ser...

Y esta nueva puerta...

Más allá de las palabras que creí y de todo lo que sentí...

Heridas para sanar... Cicatrices para vivir... Razones para seguir...

Más allá de los recuerdos de un pasado que siempre recordaré...

Más allá de los recuerdos de un futuro que nunca olvidaré...


## Film Noir


El hombre había puesto la película,
yo lo supe, porque el sonido del proyector,

me era más que familiar...

La cinta puesta,
en la única escena que importaba...
La brillante luz de la creación
casi pareciera divina...
Los sonidos infernales
eran los que me hacían viajar...

Tenía miedo de abrir los ojos,
aunque no los necesitaba para ver...

Se acercaban a mí,
me rodeaban...
Se infundían a través de mi cabeza
y se reproducían en mí...

No necesitaba estar vivo para sentir el golpe.
Yo era el proyector...

Los filmes flotando por la habitación
se reflejaban en el humo de los cigarrillos...
Al fondo de la sala,
había alguien más,
no veía la pantalla...
Me veía a mí...

Me encierro y  se hace la luz en mi frente,
me acerco a él,
me siento a su lado...
Ninguno veía la película...
Yo soy el proyector...

## **<u>Monoton(í)a...</u>**

No sé si es la monotonía
la que me ha hecho divagar,
la que me ha hecho esconderme,
la que me ha dejado confundido,
la que me ha hecho dejar atrás
esta parte de mí.

No sé si es el aire.
El que ha limpiado la ceniza.
El que ha quemado mis pulmones.
El que ha cambiado los colores.
El que ha dejado atrás
esta parte de mí.

No sé si fue el miedo
el que ha hecho de este lugar
un sitio para vivir,
el que dio a diario
algo que comer,
el que transformó
cada nombre que existió.

Y me ha hecho cargar
esta parte de mí.

Sé la respuesta
a preguntas que dejaron de importar.

Conozco el lugar
donde nadie quiere volver.

Hablo con Dios
cuando nadie lo quiere oír.

No sé si es el sol.
El que ha decorado las tumbas con flores.
El que nos ha hecho mentir.
El que ha impulsado la embriaguez
y me ha abismado en el éxtasis
y es hora.

No sé si ahora soy yo,
en este lugar,
donde dejo
olvidado,
enterrado,
despreciado;
este
incorrupto
feto,
que sale de mi pecho,
que corrompe mi alma...
Y muero.

Solo para dejar atrás
esta parte de mí.

***

# II
# Ilusiones

**<u>Días extraños</u>**

Días extraños
que bailan y se pierden
me despiertan
y no sé dónde estoy.

Se discute el sonido raso
y se analiza el mismo diálogo una y otra vez.
Comienza a acabarse el oxígeno
en estos repitentes y ya, usuales días.

Días extraños.
Los pensamientos flotan en el espacio
revueltos y algunos con restos de ceniza
de toda edificación destinada a la destrucción.

Días extraños
entrando a jardines
cubiertos de frutos milagrosos
que no soy capaz de ver.

**<u>Infierno sepia...</u>**

Mi infancia es
una gran mancha sepia.
Que me consume,
me da escalofríos,
me detiene el corazón...
Y me es difícil de ver,

como si los rollos no se hubieran revelado bien...
Como si estuviese drogado...

Como si estuviese atrapado dentro de un eterno estado mental
donde mis sentidos captan una ardiente oscuridad
amarrado en un sueño lúcido,
en el que mis pesadillas se vuelven reales,
en las que no me siento yo,
de las que deseo escapar,
en las que soy inútil
dentro de un cubo que gira
y sus lados se extienden más allá,
se corroen
y dejan ver su verdadera naturaleza...

Manchas de sangre en las paredes,
el moho me empieza a absorber.
Manchas de sangre en las paredes,
hay caras que vuelven solo para cazarme.


## Bienvenida


Bombeo interno que se mezcla con agua
y revive en miedo.
Orgullosa didáctica eterna,
que guarda los confines diminutos
al caer el velo.
Al dejar mirar tus ojos de animal,
secos, disvariantes, sin lugar para ir...
Como pequeños duendes llenos de odio
que rasguñan las ventanas que has tenido cerradas por años.
Te dices a ti mismo:
*Es hora de dormir. Mañana todo estará mejor.*
Y así juegas a ser eterno y omnipotente,
creador de futuros, burlándose del ayer...
Cambiando de pieles y gozando moldes helenistas.

Hasta que te despiertas en una habitación blanca,
vacía, creada especialmente para ti.


## S.21


¡Regocíjense!
Dios ha muerto en nuestros brazos,
en nuestra blasfema ceguera,
su sangre ha lavado enteros nuestros cuerpos y seguimos sin
ir a ningún lado.
Sigamos bailando,
bajo las nubes negras del *Armageddon* que hemos engendrado,
desprestigiando las palabras del fariseo,
las cabras son nuestro símbolo
y nos seguimos mutuamente, al matadero.


## Canal 4 a las 3:05 p.m.


Dame la mano, ven conmigo...
Te prometo que te haré sufrir,
lo intentaré cada segundo un poco más,
para disfrutar más de lo que hiciste conmigo.


Dame la mano, te tengo una medalla aquí
por cada una de las horas en las que me hiciste sufrir,
me regocija, la calidad de tu malicia,
casi pareciese inocencia...


Este lugar no es para ti,
necesitas algo mejor...
Un infierno que se apiade completo de tu alma...
No es que quiera verte sufrir,
sino, que cuando ya no te vea,

no lo dejes de hacer...

Dame tu mano, la besaré...
Te miraré a los ojos y en un segundo
comprenderás, todo el asco que me provocas...
Satanás podría ser el Mesías,
comparado con tu pronta y agonizante alegría.

Te prometo que las aberraciones de tus pesadillas se calma-
rán…
Te prometo que las encontrarás cada vez que despiertes, du-
rante toda tu vida.
Todo está dentro de ti y no tenés más que temer que a tu
propio reflejo.

Después de esto, tampoco tendré paz
pero es un precio que tendré que pagar
para hacer justicia por cada hora en la que te alimentaste de
mi mal...
A veces solo hay que jugar de dios.

## <u>Canales interoceánicos</u>

*Leyendo a Freud siempre abdiqué con él por reducir al ser humano (un ente tan complejo) a una pulsión sexual que prácticamente determina nuestro desarrollo de vida, en fin, aunque el Sr. Sigmund Freud pudiera estar equivocado, sería aún más estúpido yo en negar la posibilidad de que sea real…*

*Es un hecho que nosotros somos producto del sexo, aunque queramos explicar nuestra naturaleza con química pura o metafísica... Y los entiendo y compadezco, el eterno afán del ser humano por no quererse ver como menos y no querer aceptar que a lo mejor, su origen es más vacío, simple y despreciable de lo que alguna vez pudo imaginar.*

*El sexo es la razón por la que estamos acá, el sexo es el que ha movido el crecimiento de esta sociedad, el que produjo el impulso en mis*

*antepasados para seguir produciendo vida, el que       hasta este momento
ha llenado esta estructura social en sus discursos, en sus medios y en sus
visiones...*
*Si somos producto del sexo como tal, ¿acaso no estamos transmitiendo su
palabra con nuestra existencia?*


Tu vagina sabía a jalea de frambuesas.
Mi rostro tomaba un color rojizo por la falta de aire.
No importaba mucho,
mientras ese ritmo continuara.
Tus pezones eran un deleite magnifico.
Tu sostén rojo
y el tiempo suficiente
para serle fiel a mi condición de animal.


Quería escabullirme por todos esos canales como un pez,
tal vez sea la mejor manera de conocer a alguien a profundidad.
En este momento solo soy un pez
que nada por tus entrañas
intentando encontrar algún alma o algo más allá.
Caliente y seguro,
puedo empezar a morir.
Tu vagina sabía a jalea de frambuesa y hay momentos en los
que mi cuerpo pide dulce...
Tu vagina sabía a jalea de frambuesas
y  el pan me recuerda tu sabor...
Soy un ser racional.


## One of these days I will kill you in my sleep...


Oscura atracción hacia el desaparecer,
que cae como una bestia destinada a morir.
Tiempos extraños que cambian el ser

y madrugadas de insomnio llenas de saber.

Cualquiera de estos días podría matarte mientras duermo,
no es una amenaza,
es el frío elixir de lo inevitable.
¿Es tanto lo que hay que aguantar?
El miedo abstracto al nunca morir
el silencio se hace fuerte
podríamos cambiar nuestros planes
no enfrentar la inevitabilidad
de perderse psicóticamente en una noche de estas.
Podríamos engañar al mundo,
arrancar sus almas y que sigan respirando...
Y yo podría asesinarte en cualquier momento
en el que no piense bien.


## Fiestas en los jardines


La música se deslizaba
tenazmente por los rincones del salón.
El humo, el olor de las cervezas regadas y el ecuménico bour-
bon
eran parte de él.
Yo... Simplemente admiraba la escena en un rincón
injuriando al mundo
y abrazando la inconsciencia.
Un poco de descontrol humano
para perderse de todo lo que nunca será.


Movían sus pies, guiados por la embriaguez
y sus palabras arden con palidez.
La noche sin fin,
en el clímax del deseo
todos se miran

para no verse a sí mismos,
para olvidar.
Es como surge esta fiesta
entre penas y demonios que se tratan de ahogar.
La fiesta se va a acabar.


En la mañana
no quedarán segundos guardados
y las penas se harán...
Más fuertes otra vez.


## Una de las últimas cenas


¿Es Satán el mayor observador de nuestra forma de vida?
Creado por nosotros mismos, por el miedo tan profundo a
nuestras oscuras ideas...
Falsa máscara de la moral.
Enemigo de dios...
Verdadera enfermedad de nuestra condición.
Despierten.
¡Satanc'estavecnous!
Y lo adoramos a diario, y nos bañamos en la sangre del corde-
ro...
Propongo una anarquía para continuar el orden...
Empecemos de nuevo en vista de lo que debamos ser...
Inventemos una nueva forma de vida...
Inventemos dioses...
Reevaluemos nuestros líderes...
Limpiemos nuestras alas...
Nosotros, seres
hagamos inmaculada nuestra figura...
Inventemos vicios...
Llenos de luz...
Sin la macabra ilusión de lo que no está ahí.

## **Sundays in Mexico...**

Anteojos oscuros,
no exactamente para proteger la vista,
escuchando algunas trompetas
y algunos gritos provenientes de algún lugar cerca.
Bebiendo margaritas,
saboreando pezones...
Todo el mundo en todos los posibles lugares y yo sentado,
bebiendo agua de sal;
El Sol explotó
y yo lo vi con mis propios ojos.
Mis ojos explotaron y yo corrí a enterrarme.
Pero fue un buen día y cenamos un festín.
Bailamos con mariachis y terminamos flotando en en medio
del mar.

*(Ebrio en la arena, injuriando la política, injuriando nuestras necesida-*
*des,*
*injuriando el mal amor y todo lo que provoca que mis heridas estén*
*abiertas).*

## **Nueve noches de pecado**

El ámbar es el color más presente en esta habitación.
Donde el profundo olor del vino se mezcla incesantemente
con la mirra
que arde a poco tiempo de volverse ceniza.
Es un gran cuadrado en el que estamos y cada esquina nos
mira en silencio
y en una de sus paredes,

una gran ventana que nos deja ver más allá...

Nuestros cuerpos tan cerca, me dejan sentir los peligros...

Me dejan sentir los latidos de su corazón.

En un momento las piezas que cayeron estaban juntas,
creando una compleja arquitectura...

Mediante sus ojos, veo las intenciones de nuestro segundo
encuentro...

¡No hay que ser un dios para saber que las piezas caerán otra
vez!
Pero al cenar...
En mi boca puedo saborear lo jugoso de esa fina carne térmi-
no medio que produce más saliva de lo normal en mí
y que calma mi sed
y que mi alma pierde la posibilidad de ver
uno en frente del otro, se revela nuestro ego, en nuestra verdadera forma,
es nuestra segunda vez.

Iniciamos este viejo ritual...
Para ver cómo cae todo en su lugar,
el ámbar se mancha de rojo,
nos dejamos llevar...
Siento el alma que ya...No tengo.

Este cisma, es predestinado...
¿Por qué nos proponemos tantas veces cambiar lo inevitable?
Este cisma, fue predestinado...
Este cisma, me consumió completamente.
Qué iluso soy...El cisma es inevitable.

Las piezas que calzaron de nuevo en el suelo están.
Solo nos hundimos más y más, otra vez.
Solo nos desalmamos por penúltima vez.
Nueve noches de pecado donde tu brujería
hace añicos las piezas que armadas no deben estar...

El sabor de la carne...
El olor del vino...
El sudor de nuestros cuerpos...
Que se extiende al otro lado...

El corazón que ya no palpita.

Finaliza este segundo encuentro...
Una vez que la última copa se bebió...
Una vez que la mirra, completa, combustionó.


## Ahorcado de nombre Jaime

Colgaba de un árbol
esperando el día
en el que un ave picoteara la gruesa cuerda que lo sujetaba del
cuello,
en el que su cadáver dejaría de ser adorno más del existir (sin
ser).
Sueña, ahorcado Jaime,
tus ojos salidos son inigualables.
Huye ahorcado Jaime,
solo vos sabés de infiernos…

Su rastro de sangre seca
era una clara obra del diablo,
robó dos caballos
y mató a Marta de un infarto...

¿Pero qué importa si estuvo colgado por años?
Corre, ahorcado Jaime
antes de esto, ni el viento te movió...

Habla de fantasías, ahorcado Jaime,
hasta el averno sería un mejor lugar que aquí...
Botas que soñaron y cabalgan hasta otro sol...

Es un desperdicio partir,
pero ahora, ahorcado Jaime,
tal vez siempre fuiste o esperabas
para ser.

Los cuervos persiguen al ahorcado Jaime
y él sabe que cualquier otro final sería mejor,
hay un precipicio al final, pero no se preocupa si caerá o
flotará...

Es un cupón para aprovecharse,
es una oportunidad para arriesgarse,
es la hora de desangrarse,

y las estrellas del cine, vienen a ver.


## Of mice...


Una rata en una calle de la ciudad
dejó un rastro de comida
por toda la cañería,
hasta la entrada de un basurero municipal...
A veces es difícil
diferenciar la basura de la comida...
A veces es difícil
ver con mucha luz...

Un gato hambriento,
sucio, con catarata en su ojo derecho,
sigue las migajas de pan
con fría ilusión de que podría dormir mejor...
Encerrado en la ilusión,
llega a cierto basurero municipal,
donde encuentra la mesa servida
y las ratas listas para cenar...
No existió el miedo,
solo la desesperación.
Seguramente las ratas durmieron bien...
Pero el gato mejor.


## Idiocracia


Había explosiones,
había miedo
y ellos decían:
Hagan una fila para vivir...
No había escape,
pero había esperanza
y ellos decían:eEsta noche todos van a morir.


Rodaron cabezas hasta el amanecer
y con ellas calentaron a los demás.


Se cuestionan sobre la realidad,
pero esto no es un sueño,
no, esto no es un sueño
y ellos dicen:
probemos hasta donde podemos llegar.
Esto no es un sueño,
no, esto no es un sueño.

El dolor, comienza a hacernos alucinar,
ellos dicen:
No habrá final...
Mira los cuerpos ardiendo,
mira los niños secos,
creemos una luna
e infundamos miedo...
Creemos guerra,
creemos dolor,
veamos hasta donde pueden aguantar.
Y no,
lastimosamente no es un sueño.
Se necesita el final,
tal y como lo conocemos.


## Ceguera


Las horas se repiten;
y yo ya no estoy más en el mismo lugar.
Mis manos arden,
mientras me muevo al compás
de las vibraciones de la materia.
Si todo fuese infinito,
qué tragedia sería,
no habría lugar para el desprestigio,
desmentiríamos todas nuestras mentiras
y las podríamos hacer realidad.
Gozaríamos del infinito disturbio de la razón...

Qué tragedia sería
si todo fuera infinito...
Es mejor seguir siendo ciego
inevitablemente... Por más que se quiera ver.

## **KindergardenPictures**

Niños pequeños,
laven sus pies...

Olviden sus caras,
olviden que tienen madres y padres...

Marchen al abismo,
dancen en la lluvia negra...

Purguen esta tierra.

Hijos de nadie,
olviden sus nombres...

Quemen este mundo e inunden este mar...

Al final,
prometo que los tomaré de la mano,
los pondré en un buen lugar
y los llevaré hasta la puerta de su hogar,
justo antes de dormir...

Porque yo puedo traer la calma,
yo puedo lavar sus cuerpos…
Puedo mostrarles donde está el cielo
y dar un paseo por el infierno…
Puedo incendiar el mar
e inundar esta tierra...

Porque conozco bien este lugar.

## **<u>Infracciones a la hora de Ser,<br>contradiciendo con lo que consta de Vivir</u>**

Hace unos años...
Volvía a este sitio...
Sitio que me vio crecer...
Volvía, por la misma razón por la que me fui...

Huir...

## **<u>Una llamada...</u>**

El despertarse sola un día de agosto, es el último recuerdo que guardaba de él; los había encerrado en un pequeño compartimiento de su memoria que se encontraba en total abandono, destinado al exilio total; como ella lo deseaba.

Beatriz había aprendido a seguir, no había nada más...
¿Por qué iba a detenerse y continuar produciendo incesantes pensamientos sin final que solo la hundirían más?

Se dio cuenta de que lo cierto era que no había necesidad de culparse a sí misma, de maldecir, incluso de blasfemar... Había enfrentado, después de un tiempo de profundo dolor, que él se había marchado de su vida para no volver. lo cual para ella ahora era perfecto...

Él ya debía estar muy lejos de ese lugar,
 lo cual para ella era perfecto.
Él ya no existía para ella, lo cual era perfecto.
Ya no podía recordar ni un solo segundo
 de aquellos tiempos,
ese compartimiento de recuerdos estaba más olvidado

que aquella primera mascota que tuvo,
una tortuga que duró tan solo una semana
cuando tenía cuatro años…
Lo cual para ella era completamente perfecto.

Pero un tiempo después; en lo últimos días de aquel verano fatal...

Una tarde en la que doraba el sol y entraba de forma casi mágica por las ventanas, sonó el teléfono de su apartamento…

Dejó que sonara dos veces y se apuró hacia la mesita de noche que se encontraba a la par de su  cama, donde se encontraban algunos libros de poemas y cuentos cortos, algunos discos de música que ponía antes de dormir, sus anteojos de lectura y finalmente el teléfono que pudo contestar antes de que se colgara y qué tan desventurada habría sido la travesía de venir a buscar el teléfono para molestarse por el hecho de no contestarlo a tiempo, por tener que esperar para que ese "ruidito" agudo y exasperante volviera a sonar o por las dudas que le vendrían al no saber de qué se trataba esa llamada.

—¿Hola?…—contestó Beatriz…
Pero no faltaron ni dos segundos para que su mente se desgarrara y su voz se llegara a quebrar casi  totalmente.
En su mente estallaron gran cantidad de ideas, preguntas, entre otras alegorías…
—*¿Acaso eso era lo que querías… Que te recordara nuevamente para sufrir una vez más?*…
Todas las memorias que pensó borradas, habían vuelto a cazarla…

Tal vez lo quería…
Tal vez todavía le dolía…
Pero a pesar de esa llamada inesperada…

No, decidió que no asistiría a su funeral.

Lo habían encontrado en su bañera, tres días después de su deceso…
Una vecina pensaba que estaba de viaje pero la curiosidad de un olor particular que provenía de ahí, hizo que lograra el hallazgo,
realmente, nadie sabía nada.
Los rumores decían que había sido un suicidio… ¿Un saldo de cuentas?
Pero realmente todavía no se sabía nada y ¿qué importaba la razón?
Si para ese momento, ya no estaba por aquí.

Beatriz seguía pensando en su cuerpo, pudriéndose en aquella pura bañera blanca,
donde su cuerpo se encontraba…

Tal vez todavía lo quería…
Y tal vez todavía le dolía…
Porque otra vez todos esos recuerdos habían vuelto a su mente,
los recuerdos seguían bombeando en su cabeza, gran cantidad de momentos con aquel visitante...

Por algunos segundos siguieron…
Pero después una brisa de alivio entró,
se sentó en la mecedora que miraba por un pequeño balconcito que tenía…

El aire era particularmente fresco y el tono naranja del atardecer se dispuso a inundar aquella calle.

Se meció una y otra vez, mientras su mente se encontraba completamente libre de pensamientos y se empezó a reír, había

algo muy gracioso en el ambiente y podía encontrar qué era…
pero cesó… Y se levantó para ir a prepararse un pequeño bo-
cadillo.

Prendió el televisor, sucias noticias de siempre, se soltó el
cabello y buscó cualquier cosa en la alacena…

Pero a pesar de esa llamada inesperada,
no, decidió que no asistiría a su funeral.
Porque nuevamente…
Vuelve a estar muerto para ella…
Lo cual para ella es perfecto…

## Puta Epiléptica

No, no hubo razones...
solo la encontraron colgando
del balcón del tercer piso;
y en el suelo encontraron una obra de arte
maravillosa e inexplicable,
entre basura, colillas de cigarrillos
y sueños rotos.

No hay preguntas.
No hay nombres.
Solo hay ahoras y finales.

Se desvanecen las flores en el jardín,
los relojes bailan entre lágrimas y momentos
que se pierden en la infinidad...
Lágrimas que se forman,
las palabras que no se pudieron decir...

Un cuerpo más es todo lo que es,
si alguna vez tuvo un nombre ya no importa más.

Incluso al viejo tuerto de la esquina,
al que vende lotería,
alguien podría llegar a extrañarlo...


## <u>Rezo</u>


Se encuentran reunidos en la cocina
y sus voces se escuchan por toda la casa.
Alrededor de la mesa, se encuentran hablando,
mencionan la política, mencionan su tristeza,
lloran, y alguien dice:
Quien ha perdido la esperanza ha perdido también el miedo
y terminan rezando.


Comienzan por el "Padre Nuestro"
y una de las mujeres empieza a gritar.


Se reúnen para rezar por las almas…
El rosario dura toda la madrugada
y deciden dar una vuelta por la casa.
Se pasean por el pasillo
y el piso de madera se vuelve escandaloso en cada paso.


Rezan y lloran,
y no quiero volver a ver,
se acercan a mi habitación,
cierro los ojos y mantengo la calma…


Rezan y lloran,
por las almas suyas que ya no verán la luz.

## <u>Esc</u>

Si tan solo pudiera empezar una vez más
cuántos errores de más me encantaría cometer.
Si pudiera caminar con mis manos
sobre un infierno helado y nunca volver.

Se me seca la garganta.
Se me seca la boca.
Se me cae la cara
y las puertas se abren.
Las puertas se abren otra vez y...
No... No hay vuelta atrás.

Dando vueltas y vueltas sobre mis pies
miles de escenas puedo recopilar de una sola vez.
Quisiera caer todavía más
y sí es posible, sangrar todavía más.

Si pudiera retroceder
y cuánto me arrepiento...
Volvería a cometer los mismos errores más de una vez...
No me cabe la menor duda...
Hasta besar a la locura
una última vez.

Se me seca la boca.
Se me salen los ojos.
Mientras bajo en un ascensor al infierno
los ángeles se desatan
y sus alas caen.
Sigo respirando.

Me agarro la cabeza

respiro otra vez.

No hay vuelta atrás…
Sigo respirando.

Tan desafinado.
Tan hermoso.
Mis pulmones quieren explotar
y me erizo como un animal.
No dejes de respirar.


## <u>Fanfje</u>

Ellos vinieron,
me rodearon y agarraron mis brazos...
En pánico intenté gritar,
aunque era más que obvio que nadie me iba a escuchar...

Nadie le hace caso a aquellos que dudan de todo lo demás,
que hablan de lo desconocido y no dan pasos hacia atrás,
de los que creen que hay ojos más allá de las palabras,
de aquellos, ajenos, que no temen más...

Hablaban en otras leguas,
todos a la vez,
me imposibilitaban describir mi conciencia corroída,
me gritaban hasta que mis oídos sangraron...

Hay algo lejano desde hace rato,
algo lejano a mí,
que se mueve como uno por los rincones oscuros de mi piel,
se mueve rápidamente por mis venas,
cortando aquello que llamamos vital...

La ilegalidad de la desmembración
que se sufre a través de estúpidos exorcismos hacia la razón,
Belzebú se podría reír de esto...
Pues es tan falso,
como los fantasmas que me atormentan ahora.

## <u>Oedipus Gehena</u>

*"El mal no es lo que entra en la boca del hombre, sino lo que sale de ella."*

La Biblia
Mateo 15:11

Desde la raíz, me alimenté de ella
desde antes que supiera dormir
el odio y el rencor, desde lo más profundo de su corazón.

Dice que fui la enfermedad que la atacó, y por eso me maldi-
ce.
¿Qué diría el mismo Satanás?
¿Acaso aquel hipócrita, Esganarel, puso a temblar a alguien,
como lo que piensa y calla a diario?
Caminos que no se podrían cumplir.

Escribió en mi frente las blasfemias de su alma.
<<Porque en mis aguas bañaste la sangre inocente…
El dios en el que irás a creer alguna vez, no tendrá compasión
de mí>>.
Levanta su puño y crispa las pieles
<<Porque te he bendecido noche a noche con mi do-
lor…>>.

Y desea haber parido
escorpiones como ellay desea haber muerto,
antes de que yo naciera…
<<Me escogió entre las mujeres para ser desgracia,
y por eso te canto la Gehena como canción de cuna…>>

A través de su cordón umbilical
me alimentó con los miedos que perturbaban su cabeza,
me amamantó con el odio que abrumaría a cualquier ser
humano,
me bañó con la sangre que salía de su cuello y sus muñecas…
Era mi destino, estar maldito antes de que naciera.


## Tiempo

Yo he sido bueno, porque he sido bendecido con luz.
La vida es buena, el mundo es bendito también.
Mi mano está para mis hermanos y continuaré mi vida en el
buen sendero.
No tengo miedo alguno, ni siquiera de algún infierno,
porque Dios me llena y yo me hundo en Él,
Dios me bendice y yo lo bendigo a Él.


## Musas

¿Por qué está esa aura negra sobre tu cabeza?
¿Por qué ya no puedes hacer cantar al mundo como antes?
¿Qué te ha pasado que ya ni te puedes sostener?

Ha sido un largo tiempo desde que me dejé de maravillar
con tus dotes de musa.
¡Qué pérdida de material!

Qué horrible es el desprestigio.

Te dije que bebieras un poco de esto,
pero lo terminaste botando en el suelo
no temas de los sueños que perturban tus noches,
todo está dentro de ti.
Qué lástima que te eches a perder así… Vieja musa.

¿Qué es lo que pasa con tus ojos?
Parece ser que estás más enferma hoy,
no puedes caminar y no puedes hablar,
ya no puedes ni aguantar las ganas de vomitar
y dejaste a un lado tu dios.

No se puede amar, si tu cabeza está mal.
No se puede morir si no se es lo suficientemente fuerte
y si quieres ser feliz,
te invito a dar un paseo primero, aquí, en el infierno.
Pero qué lástima musa que aquí ya no estás…
Porque te dejaste morir...
Es triste, nadie tiene más culpa que tú misma.

Recuerdo cómo las estrellas relucían en tu cuerpo…
Y cómo me inundabas y me ahogabas con tu color…
Ya no estás aquí.
Esa tarea ya no te pertenece a ti.

Ahora nace una nueva musa…
Que es más fuerte que la anterior.

Parecida a una vieja musa que todavía me dejó heridas de
cuando murió.

Esta, aunque su apariencia engañe
lleva una sonrisa de diamantes

y una piel de espuma.
Qué curiosa es esta vida con las musas…

En su piel habitan las auroras
y sus alas la empiezan a elevar,
brotan de mi inconsciente nuevas palabras y nuevos ritmos
que con los ojos cerrados puedo ver.

Qué lástima y qué pérdida…
Si todas las musas fueran destinadas a lo mismo.

Si todas llegan a perecer alguna vez…

Por el momento, mi esperanza es que siga creciendo
y que en el campo sea el fruto más bermejo.

Que siniestro, pero solo somos visitantes.


## El Trauco


El Trauco pisaba el suelo con fuerza,
y su pahueldún se escuchaba de lejos...
Venía a continuar lo que se había empezado...
Con su desagradable figura
y su grotesco deseo,
se alimenta del mal que hemos hecho...
Y no habrá escapatoria,
cuando la Fiura empiece a sodomizar tu cabeza...
Sea bendito el infierno,
con la maligna descendencia...
Es la condena.
El Trauco prometerá no dejar rastros
después de terminar.

Daphne
Conocí a una chica
y debo decir,
era como yo.

Entramos a su cueva
y pequeños pájaros volaron alrededor,
tomó mi mano
y nos dirigimos más al fondo,
y podía jurar,
me sentía bien.
En el bosque nos perdimos los dos,
fumando la hierba que cosechaba,
tomando de su vino,
nos mostrábamos nuestro corazón
y pensé que era bueno,
no había fondo en el ataúd.

La vi sentarse en el suelo,
antes de continuar dentro en la cueva,
di unos pasos en la oscuridad
y al darme vuelta, encontré laurel seco en el suelo…
Me di cuenta de que había estado solo todo el tiempo.

Me di cuenta que mi dolor era auto infligido
y que sus palabras eran un sueño…

Me senté alrededor del fuego,
las aves volaban en el bosque,
no había fondo en el ataúd.

## Aristocracia

He bebido de tus aguas miles de veces.
He besado miles de tus lágrimas

y vomitado miles de ti.
He desenterrado tu locura junto a mí.
Me he hundido en tus senos tantas veces
y me has amamantado muchas veces con ellos.
Me haces renacer 36 veces en este infierno verde
practicando intentos de sexo anal
ni Afrodita aguantaría tanta lujuria.
Orgías de sangre que nos hacen respirar.
Nuevas brisas nos ponen a desangrar.
Como un golpe en la sien, nos volveremos conscientes de que
alguno debe morir
y trataremos de huir
pero estas marcas no nos dejarán vivir.
Sostendré tu cabello mientras vomitas serpientes
verás en mis ojos, la constante expresión de desorientación.
No será la primera vez que te haga sangrar.
No será la última vez que me desollarás
pero juntos nos apuñalaremos una y otra vez
hasta que ninguno de los dos quede en pie.

Y siguiendo infinitamente con esto,
no debemos olvidar que se debe morir.


## Fantasma


El fantasma,
se pasea por los corredores.
Yo creo que estoy seguro,
pero solo estoy arrinconado.
El fantasma es libre,
mientras yo estoy totalmente atrapado.


Espera a que duerma,
para usurpar mi inconsciencia.

Baila la tragedia,
en sus pasos,
marcados en el mármol blanco.

Nada es mío ya,
desde tiempo atrás.


## Aventuras diferentes en el baño público de siempre

Hace dos noches,
me quedé encerrado en un baño público.
El olor de los orines secos,
después de unos minutos había dejado de importar;
digo, ¿qué importaba ya?
¿Por qué lo iría a hacer?
Si en ese preciso momento
y quién sabe por cuánto tiempo sería parte de ese lugar.

Así es siempre, vagamos en los no lugares,
y nos hacemos inconscientemente parte de ellos;
por cierto tiempo (no importa cuánto)
de hecho esta vida puede ser un no lugar.
¿Me equivoco?

Atrapado en un baño publico
se aprecia la ciencia simple
desde la psique humana y la sociología más aplicada.


## Retratos manchados de negro

Las palabras se hunden en el negro;
ya no importa nada.

Las palabras, entre muchas otras cosas,
se hunden en el negro,
y se pierden.

Sangre que se perdió hace un tiempo,
en algún lugar,
por desgarramiento en falso amor…
Por estupidez en impulsiva pasión…

Ya lo sé…
Ahora lo sé.
No tengo nada de especial,
no soy nada especial,
no tengo nada que le devuelva el color a las fotografías,
soy algo más,
y ahora me hundo en el negro.

Tomo una ruta
por las calles que conocí,
nada es como antes,
solo mi necia mente que no me deja dormir.

Pinturas y retratos,
poco a poco se comienzan a hundir...
Junto a las sábanas y almohadas,
que guardaban tu olor.

No puedo hacer nada,
para deshacerme del ayer...
No puedo hacer nada,
porque no soy nada más
que una mancha en un lienzo
de la peor pintura que pudieras imaginar;

No hay nadie que se pueda culpar;

la vida se pasa con errores y espejismos,
nos marcan de por vida, después de desaparecer;
nos dejan pequeños huecos por los que podemos mirar la
realidad,
y nos cuesta tragar,
nos cuesta aceptar...

...Que todos nos hundiremos en negro alguna vez.


## Room Time


Es hora de ir a tu habitación,
es hora de ir a tu habitación, pequeña niña.
Llena de cuadros con ídolos
y esencia a corazón roto.

Hice una promesa
y espero que te vayas lejos pronto.

Comenzando con besos pequeños y tímidos
me dejo a mí mismo de lado.
Miedo y dolor.
Desastre en la razón.
Me alimento de tu fruto.

Poco a poco,
me alimento de tu fruto.

Hora de ir a tu habitación, pequeña niña
con ojos suaves y oscuros
que son una maldición,
las paredes son sensibles a tu piel.

Olvidémonos de este momento,

desterremos el recuerdo
yo siempre quise olvidar
pero la vía es extraña.

Tomemos un tren a otro país,
donde nos contradigamos siempre
y espero no volver a ver tu cara...

No quiero ver tu cara, pequeña niña,
no quiero ver tu cara nunca más.


## **Abigail**


Aquel extraño olor que transportaba el aire, me recordaba a
ella...
Su imagen ahora tan desprestigiada,
tan gastada,
prácticamente eliminada de mis memorias...
Por esas razones se convirtió en mi obsesión.

No se encontraba en el cementerio
ni en el aire
y tampoco en el mar
pero quería adorarla.

La última vez que la vi fue en aquel infame acto de amor.
Recuerdo el olor de sus lágrimas
y la forma de su rostro con el maquillaje totalmente corrido,
recuerdo su oscura figura...
La recuerdo a la tenue luz de una candela…
Recuerdo la forma en la que cubría su rostro…
Recuerdo la forma en la que me llamaba.

Esa voz, susurrando mi nombre, que retumba una y otra vez

en mi cabeza…
Y todavía cuando intento recordar su rostro, los escalofríos se
apoderan de mí
cuando sueño con ella, encerrado en aquella espantosa casa;
los gritos, la oscuridad, lo siniestro…


¡Despierto sudando frío. Qué tan increíble puede ser el alma,
cuando se quiere borrar algo y se apega tanto que solo matan-
do
una parte nuestra se puede deshacer!


Me direccioné hacia un  autobús, sentía que debía viajar un
poco,
huir un poco… El viejo bus azul simplemente me esperaba…
El chofer, dándome la bienvenida, no me dejaba de observar.


Empecé caminando por la calle 56 y prendí un cigarrillo para
despejar mi mente...
Eran cerca de las ocho de la noche…
La única luz en ese momento era la que provenía de los postes
y un insensato frío que hacía tiempo no sentía…
Me detuve casi inerte al ver su figura debajo de uno de los
postes de electricidad
Me fue imposible no quererla seguir...
Terminé al frente de aquel sucio bar con el letrero de "clausu-
rado".


Pero en un momento de vaga confusión, mi corazón se detu-
vo al sentir sus frías
y delgadas manos apretando mi garganta y los sonidos invo-
luntarios que profería,
de rodillas intentando mantenerme aquí, convirtiéndome en
pedazos.

Rogando por mi alma casi en el fuego...
Haciendo revivir todo pasado...
Haciéndome entrar en momentos que había incendiado...
Hasta que al fin pude ver su rostro
y llegué a la sensación de haber tenido un mal sueño.

¿Qué tan sucia es su imagen?
Ya no significa nada…
Ya no existe.

Es el hecho que hay que afrontar
no puedo hacer nada para hacerla real.

No quiero ser esto.
Ella no es real...

No puedo guardar esto dentro de mí.
No puedo dejar que crezca dentro de mí.

Ella no es real…
Ella no es real.

No existe…
Es el hecho que hay que afrontar…
No puedo hacer nada para hacerla real.
El cielo está en llamas.


## El Desierto


Este desierto
es un camino en la boca de Dios.

La flor
que da vueltas

que en su centro conforma
lo invisible.

El espejo de la vida
el fin de los sueños
sin sorpresas…
El miedo.
Desesperadamente
se busca un plan
sin saber que la ilusión se terminó
y que giramos esquizofrénicamente
en medio de este desierto.

Perdido en medio de un libro
como pieza de la imaginación
de algún ser que juega con nosotros
de un Dios, que juega con Él.
Detrás de las cortinas marchadas de purpura
la ribera oscura
del miedo
de tu infinita sorpresa
al ver que nadie te ayudará si te ahogas.

Marcas de caminos que desaparecieron
sin saber por dónde conducir
no nos conducimos solos
y el desierto es lo único real.

En una poza similar a cualquier otra
veo mi cuerpo ahogado en el fondo
su pecho marcado con tinta roja
sus ojos abiertos
y sus manos enterradas.

Hundo mi cabeza

y me digo a mí mismo:
*"Este no es un final…"*

Este no es un final.

Este no es un final.

El desierto no tiene final.


## Orchidee


Creo que ya he caminado por estas calles...

Lo sé; por la forma en la que mi sombra se refleja,
a lo lejos, adelantándoseme y distorsionándose
creo que no es la primera vez que he estado aquí.

Tal vez me sea imposible recordar estos pensamientos...
No tengo tinta, ni papel,
solo tengo este vacío que abre puertas a espacios infinitos...
Que me hace temblar y se empeña en dudar de esta vaga
realidad.

Los prolapsos inconscientes son los que me guían
me muestran imágenes de lugares desconocidos, Castillos en
ruinas, en sitios distantes,
donde Jesús y María se agrietan y se pudren con el moho.

Y no, esas visiones, esos sueños...
No fueron la primera vez que estuve en esos lugares, aparen-
temente, tampoco la última.
¡Fuego, dulce fuego!
Ilumina y hace arder todo por un tiempo.

Podría desaparecer, desear fundirme con el aire… Siendo
eterno.
¡Tan eterno que nadie vaya a recordarme!

El fuego,
hace arder esos lugares, que de por sí ya están podridos, desatan al infierno que ya tenemos dentro.
Mientras irónicamente se ilumina el cielo más hermoso que
jamás he visto…

¡Tal vez no pueda recordar!
Es parte de mi enfermedad.
Me es muy fácil olvidar,
pero, sin embargo...
Me es imposible arrancar estos sentimientos de mí.

Y mientras caminaba,
iba pintando esos jardines tan hermosos
con mi propia sangre que bañaba alegremente
las orquídeas y el pasto celeste.

Todo esto, que alguna vez fue y ha dejado de ser...
Se convierte en lo siniestro.
Todo esto. Se encuentra latente en mí;
 tal vez más allá de los límites de mi conocimiento,
 como un gran vacío imposible de llenar.

***

# III
# Reflexiones

<u>**Memorias ebrias**</u>

Extranjera, veo que vuelves otra vez,
buscando el refugio que abandonaste la última vez.
Siempre es hogar aquel que fue parte de uno mismo
y las palabras que se dijeron, no se pueden borrar.

Sé que alguna vez fui igual que tú
y terminábamos hablando debajo de puentes
y fumando cigarrillos a medias, hablando de lo que no sé,
historias nostálgicas como las que cuento ahora...

Muchas veces me dispuse a nadar en el Leteo,
muchas veces le tendí mi mano para beber de él...
Pues ningún hombre con corazón habría de nadar estas aguas
pero ningún dolor puede ser sanado de esta forma.

Y extendimos nuestras manos al cielo,
como dioses de nuestro mundo,
manejándonos al desierto
que deja lucir nuestros demonios...

Nunca es muy tarde para morir
y es por lo que estamos aquí.
Rasguñamos nuestros cuerpos,
pero como siempre no podemos salir de la materia...

Extranjera,
¿Cuántos otros corazones llevas bajo tu abrigo?
Y como juego que termina, siempre hay tiempo para otra
partida
y como hogar, siempre será parte de ti.

Te veo caminando,

tus ojos negros son lo único que no ha cambiado.
Y tu forma de caminar, contando los pasos que das,
todavía me puedes destrozar.

Y traes de vuelta aquel reloj de arena
el que nos regaló aquella vieja que nos advirtió
de un futuro tan cierto, como el amor que alguna vez hubo...
La arena nunca ha dejado de caer en su lugar.

Muchas veces sufrí ya,
hasta hacerme uno con mi setiembre...
Dulce tristeza,
ya no te puedo disfrutar.

Prendí un cigarrillo,
antes de arrojarme al Leteo...
Una de las tantas aguas donde podría hundir un barco
más destrozado que Gomorra...

Siempre serás una extranjera
y yo siempre seré otro pasajero de este tren.
Nos encontraremos nuevamente en una tarde de octubre,
como completos desconocidos,
veremos la lluvia chocar en la ventana,
mientras compartimos el cómo preferimos el invierno.

Hablaremos de izquierdas y derechas
de baches y utopías.
Con un poco de vino me abriré como una flor,
hablándote de mi indisposición al amor...
Te acercarás y me robarás un beso,
me perderé en tus cabellos teñidos
y en eso continuaremos por un tiempo
hasta que intente espantar las moscas que inundan este ca-
rruaje,

de nuevo al dar la vuelta, sé que no estarás.

Porque siempre serás una extranjera,
yo siempre seré otro pasajero de este Tren.

Y así por días enteros,
encontraré en la calle, caras como las tuyas...
Con ojos negros como los tuyos,
pero nunca como los que vi la primera vez.
Y oleré tu aroma cerca del lugar donde venden el diario...
Querré darte un mensaje,
que no será más que una pasajera poesía romántica
que nunca pronunciaré.

Me haré preguntas que no querré responder,
nuevamente me dispondré a caminar
y sentir a través de las memorias
y olores que vuelan el aire...
Tu rostro, el espejo de mis memorias.

Sé que te conozco de otra vida,
siempre, Extranjera.

*(¿Quién diría que las promesas eran solo jerga extranjera?*
*Malditos trenes, siempre en el momento adecuado... Me subo en uno de*
*ellos,*
*me pongo un abrigo, juego las cartas y empiezo a hablar en lenguas...*
*El juego de siempre, partida tras partida... La puerta está abierta y*
*nadie en ella).*

## **<u>Silencios</u>**

Cada silencio es
una palabra que no se pronunció
por el terrible miedo que podía crear
lo que podría venir después.

Y cada silencio se volvió,
una forma de morir por dentro
y enterrarse muy al fondo otra vez.

Cada silencio puede ser,
una puerta a nuevos mundos
donde somos y nada es.
Donde los ángeles miran con melancolía.

El silencio es
el ruido más ensordecedor,
dulce, amargo,
potente, extraño.
Que su sentir es imposible de explicar.

Calla,
no hay nada que decir,
calla,
sigue caminando,
calla
y no mires atrás,
calla,
cae de rodillas
y hazte silencio.

## 31 de marzo

31 de marzo,
algunas flores se entierran
y entre tanto cavar,
la arena se vuelve llamas,
imposibles de apagar.

Es el momento,
sol de enero,
lluvia de octubre,
ahora todos los querubines
danzan, se besan
y beben hasta desmayar.

Tres días más,
sin tiempo de elegir,
sin profecías,
en las cuales nos podamos abandonar,
con algunos restos de lo que será el final.

31 de Marzo
y algunos días que seguirán,
pequeños cristales que caen del cielo,
brillan en el suelo
y lo hacen parecer tu hogar.

Los cuadros parecen no estar en el mismo lugar
y a todos los relojes se les perdieron sus manecillas,
ruedan, ruedan,
agua hirviendo
y medicina para el corazón.

31 de Marzo,

árbol de incienso,
que ilumina los ojos de la providencia,
manos que son de hielo
y se desentierran del desierto.


## Caja negra

Existe la perfección,
encerrada en una pequeña caja negra,
olvidada,
ignorada...

Da el paso a laberintos,
que se pudieron completar hasta el final.

¡Y el final existió!
Porque existía todo lo que se podía imaginar.

Se besó al demonio,
se bailó con los ángeles,
no existía orden,
no existía caos.

¡Estábamos encerrados en la caja negra,
de tu ambicioso y compulsivo plan!

Había un círculo que giraba,
que hacía que todo volviera a empezar.
Yo estaba dentro de él
y yo giraba también.

Era yo,
el argé
de la pequeña caja negra...

Era yo,
lo que no existía,
en tu plan...

Porque no solo existía por ti,
pero todo existía por mí.


*(El otro día vi en las noticias, a una mujer que decía saber todo sobre*
*cualquier persona,*
*llegaba mucha gente curiosa y la probaban a ver si era cierto… Pregunta*
*tras pregunta,*
*se empezó a profundizar en la vida de los demás, la mujer lanzaba*
*respuestas*
*y las personas comenzaron a asustarse y algunos después de un rato la*
*empezaron a insultar,*
*no lo sé, tal vez no debían preguntar… El equipo del noticiero decidió*
*entrevistar*
*a la mujer con ese "gran" don y al preguntarle cuál era su nombre, la*
*mujer se petrificó perpleja, no lo recordaba).*


## Ayer


Recuerdo el sillón
en el que hicimos el amor la primera vez.

Su textura extraña y
el momento en el que no importaba
nada más.

Ayer,
parece que fue ayer.

Recuerdo tus manos suaves y frías
que tomaban con fuerza mi espalda,

recuerdo tus ojos que querían soñar.

Ayer,
tantas cosas sucedieron ayer.
Pareciera que fue ayer
cuando me sentía joven
y creía en las cosas.

Recuerdo el fuerte olor a manzana verde
que me dejó escalofríos por meses.
Recuerdo las canciones que cantabas
y detenían mi corazón.

No recuerdo tu cara
casi no recuerdo tu voz
y aún así pesan las palabras.

Ese sillón
es solo ayer.

Vos sos
solo ayer.

Yo fui
siempre ayer.
Lo mismo
Una palabra, mil cigarrillos,
el intenso impacto de la realidad.

Creo decir, que el cambio es vivir
y así me purgo en el fuego,
para renacer.

Dicen que no existen las coincidencias;
solo lo inevitable…

Es muy tarde ya,
para volver atrás.


## Pi


He tratado,
he fracasado.

Y me he vuelto a perder en la misma espiral,
en la que desde que nací, no puedo escapar.

He probado.
He viajado.
¡He muerto!
Y no logro encontrar luz
que descienda,
luz que exista.

Somos los hijos bastardos de Dios.

Somos la secuencia del caos.

Somos los hijos bastardos de Dios.

Entre las estrellas,
entre el enema mental,
vivir sin existir,
vivir sin ser real.

¿Cuál es la única pregunta
que importa,
cuando nadie puede contestar?

## Entropía

Dicen que después de la tormenta viene la calma...
Ha sido un buen tiempo desde que ya pasó y solo ha dejado
una gran mezcolanza bajo la sombra de estos árboles arraiga-
dos.
Las palabras se las lleva el viento.
La perspicacia se acaba.
Comienza el frenesí...
Se le pone fin al juego.
Se reintegra el análisis, una vez más.
Dicen que esto no es una salida...
Los recuerdos, ya no están aquí...
Los recuerdos, ya no son parte de mí.

## De teatros y otras historias

Hubo dos puestas en escena
en aquella inusual semana de setiembre.
Se disponían a actuar
como si fuera la realidad
como si sus vidas dependieran de ello.


¡Qué la función inicie de una vez!
Que la tragicomedia cotidiana se apodere de ellos, por última
vez.


Usan sus máscaras
para entrar en sus papeles
pero la mejor actuación está grabada en sus pieles.


Historias paralelas
donde siempre sobra lo improvisado
se asoma lo inesperado.

¿Cuál es la realidad?
¿Cuáles cosas digo con certeza?

El público se asombra.
El público se ríe.
Y solo algunos, se clavan el puñal en los pulmones.
¡No entienden!
No entienden el porqué de este singular, segundo acto.

Las piezas se ponen de cabeza
ellos admiran el escenario
y sus máscaras se oscurecen.

Detrás de su máscara
los pensamientos se dejaron ir por un momento
y se perdieron ciertas líneas.

Qué tan fácil es fingir
qué tan fácil es pretender, un millón de cosas,
que al igual que siempre acaban detrás del telón.

Al final
el actor se funde en su personaje
creando nuevas líneas que nunca se escucharán,
arrepintiéndose de lo que no fue,
convirtiendo sus sentimientos en diálogos sin igual.

El narrador,
tan omnisciente como los demás,
busca la salida por igual
porque no encuentra su máscara.

Pero aún falta otra obra,
y también falta

una mentira más.

Qué tan fácil es actuar
más en la vida real.

Todos arden
y la ovación se levanta.

Todos arden
repitiendo las mismas líneas.

El escenario arde
eliminando toda pureza.

Una y otra vez.
¿Quién cerró el telón?

## En el limbo

Te voy a decir,
que nunca creí en las líneas de mis manos,
ellas me hacían desconfiar de todo lo demás.
Siempre le huí a ese cielo,
que juraba ser tan azul.

Desnudo,
¿cerca del abismo?
Me siento en protección.

Nunca necesité de alguien
que creyera decir la verdad.
Nunca dije completamente la verdad
y nunca creí en hacerlo.

Ahora que ya no somos tan jóvenes,
tal vez he aprendido bien.
¡Soy un tren sin frenos,
que no tiene lugar para ir!
Aunque su rumbo continúa.

Para este momento,
solo somos la esencia
de un pequeño y sucio pensamiento.


## <u>Entre los ángeles y nosotros</u>


Los ángeles están en la tierra,
no es la gente buena.
No los podemos ver,
porque les generamos demasiada pena…
Su tristeza los hace invisibles
para seres tan inhóspitos como nosotros.
Allá en la esquina hay unos cuantos forrándose de puros,
por toda la agonía que les generamos.
¡Es claro! ¿Cuántas veces hemos estado abajo,
solo por la pena ajena o propia, de lo que hemos formado?
Cuando nuestra tristeza proviene de la irracionalidad externa
y nuestras fuerzas se gastan al intentarlos hacer ver.
Ahora estos ángeles son iguales,
cuando les escupimos en la cara con tantas barrabasadas.

Los ángeles están en la tierra,
los hacemos querer suicidarse.
Y cuando lo hacen,
nosotros creemos avanzar mucho más.

¡Brindo por la increíble razón humana!

## **Aquella calle sin salida**

Caminaba por una calle sin salida
y la vi venir hacia mí,
sus ojos con los míos fue todo lo que se necesitó.

Me dijo; <<Ven, sígueme…>>.
Éramos iguales y buscábamos cualquier cosa que supiera
distinto al amor.

Fuimos dos estatuas,
en la cabeza la luna y en la otro un cuervo.
Jardines de Girasoles, el ruido de los tambores
y mi corazón desierto.

Yo ardía hasta volverme cenizas,
quedamos sordos los dos.

Y todos los días nos desconcertábamos cuando nuestras men-
tes se volvían una
y otra vez me hundía en ella y Ella en mí.
En salas de cine, llenas de rencor
nos hundimos en un vórtice
más al fondo, hasta desaparecer.

Era un alma torturada, nada más
un aficionado al fin
y otro día, Ella no volvió...
No la volví a ver
tal vez las cosas solo cambian…
Y todos mueren
y es un hecho.
Siempre somos cenizas arrastradas por el viento.

Pero ahora esa ya no era una calle como antes…
Yo ya no soy el mismo de Ayer.
Nos veremos nuevamente...
En otra vida.

## <u>Búhos</u>

Arde el incienso
Arde mi cigarro
Ardo en silencio
Arden las palabras
Y lleno de cenizas mi cuerpo.

Se mezclan los humos,
se mezclan con mi alma,
se mezclan con el cosmos.
Se mezclan las ideas y los horarios,
crean una gran substancia
que se solidifica dentro de mí.

La luz se hace más tenue...
Escucho los colores del más allá.
Siento la calidez al caer,
la luz se hace más tenue aquí.
Las canciones se mezclan, crean otra sinfonía de mi vida.
Suenan desde el pasado,
y ardo yo también.

Las palabras se desvanecen...
La luna sigue atenta esta noche, otra vez.
Baila la monotonía...
Se siente la falta de azúcar
en la pesadilla genérica que jamás crearé.

Más allá de los triángulos,
más allá de las auras,
más allá del ojo,
los búhos admiran en silencio.

Es tarde,
las aves que no se han perdido, ya van a dormir.

Transformación...
La única ficción es aquella que presencio aquí.

Alguien que lo mencione...
*La única salida es por ahí...*


++++++++++++++++++


Estrellas en el techo, capturadas por pequeñas cajas de metal
destellan en éxtasis en el complejo espacio del lugar
Altar de agua, Péndulo celestial.
¿Es acaso el momento del final?


## Oro


Con cuidado se limpia el polvo,
de tan preciada obra de arte,
que alguien dejó aquí,
antes de morir.

Lágrimas de sangre,
lágrimas de sangre,
en tu cuerpo de oro.

Lágrimas y carne,

lágrimas y carne,
en tu sangre de lodo.

Revive el miedo,
detiene el tiempo,
marca el momento,
en el que ya no importa el oro.

Se olvida el lugar,
mudo fue el sonido,
mudo fue el segundo,
mudo como todos nosotros.

Limpiar despacio,
revivir exacto,
del momento
que se quiso olvidar.

> *(La arqueología es en cierta medida peligrosa.*
> *Desenterramos lo enterrado.*
> *Tomamos el pasado como tesoro.*
> *Y pues, eso me dice varias cosas…*
> *Me hace pensar que tal vez por alguna razón ha de estar enterrado,*
> *¿no?*
> *Pero luego recuerdo lo mal que ha hecho el ser humano y su largo proceso*
> *de involución y supongo todos quieren recobrar aquel oro que ya no*
> *volverá).*

## Gaps

Tu sangre en la pared,
tu recuerdo en la parte trasera de mi cabeza,
que retumba con eco
hacia mi frente,

me hace temblar
y desaparece todo lo demás.

Hay un hoyo
en las memorias que trato de ver,
hay un hoyo en los diálogos que usé,
hay un hoyo,
en el que me voy.
La picazón del ojo,
su morbosa y violenta acción.
El reflejo del que intento escapar,
me choca y resplandece en mi sufrir.
¡Hay cosas que siguen vivas
y siguen chocando en mí!

En el hoyo, las cosas siguen vivas,
pero no puedo entrar allí.
Sadismo,
violencia en tu amor,
Arcana figura del engendro,
del mal que representás.

Todo tu amor en un hoyo...
Y sigue con vida.
Me sigue perturbando.
Si entro, desaparezco también.

Sigo vivo en el olvido.

(En vos).

### Sus paredes

Ella... Seca las lágrimas derramadas en la almohada otra vez.
Sentada en una esquina de su habitación.
Se encierra en viejas canciones que la hagan olvidar.

Ella... No sabe cuál es el origen de su dolor.

Ella... Intenta levantarse otra vez.
¿Pero cuántas veces más caerá?
¿Y cuáles son aquellas palabras que no logra escuchar?
Ella... Toma algo fuerte que la haga dormir de tan insensato
insomnio.

Ella... Piensa en lo que cualquiera pudo decir,
se acuerda de  los tonos y los gestos
pero es imposible recordar la cara que conformó aquella basta
oración.
Ella... Se pierde en la infinidad que no puede comprender.

Ella... Está tan sola y triste
sin embargo no es suficiente
y no logra alcanzar respuestas para ayudarse
y no hay ni Jesús, ni Nortia que le muestre otro lugar.

No hay que responder todo de manera tan profunda,
tal vez, sí era destino lo que nos trajo aquí
pero un cigarro es un cigarro
y no está bien dar equivocadas interpretaciones a películas en
blanco y negro.

Podrías seguir hablando.
Secarte las lágrimas otra vez.
No hay nada  imposible en recordar para interiorizar.
No hay nada imposible una vez que las flores caen.

Armas las paredes, con papeles, tinta y dolor.
¿Acaso no hay más tormentas que te ataquen,
al cerrar los ojos y soñar?
La tristeza es un camino más
que se debe caminar.

Mil estrellas, imposibles de alcanzar.
No recuerda, no recuerda, aquellas palabras que escuchó.


## Sinceramente

Levanto mi brazo hoy,
por aquellos que saben de lo que hablan,
para que callen aquellos que no saben hablar.

Por el triste reflejo de la ignorancia,
que empobrece la vida de muchas almas
por desprestigiar el título de humanidad.
De aquellos que se dicen ser hombres,
yo prefiero solo ser animal.

Me comprometo a
levantar arcos con mi palabra
que puedan traspasar murallas
y que unidos de nuestras manos
podamos trascender.


## Casa de atardeceres

*(El anhelo más fuerte en la vida es encontrar lo que no encontramos en
ella).*

Casa de atardeceres
y otras tantas historias,
el mundo termina en tu entrada
y la vida parece iniciar.

Los caballos corren en línea
hacia el portón principal,
todo parece real.

Se puede vivir con los ojos cerrados en este lugar
y se entiende más de lo que se puede imaginar.

Casa de atardeceres
y otras historias;
agarra mi mano,
porque es hora de viajar.

Dedos de acuarela,
que sacuden con hermosura el cielo,
todo puede ser real.

Caes de espalda en el suelo,
y te conviertes en agua,
que viaja hasta ser infinito en el mar.

Casa de atardeceres
y otras historias,
que nunca se pueden terminar de contar.

Dame un segundo,
para acostumbrarme a no respirar.


## Rapsodia L.

Sus Ojos
más allá del mar.

Su corazón
llora por salir,
 pues espera lo que alguna vez estuvo a su lado.

Espera

lo que hace diez años se fue.
Sentada en la misma silla
con la misma vista.
Los mismos pensamientos del ayer,
el mismo lector una y otra vez.

Nos enfrentamos a una paradoja de nuestra fe,
papeles en blanco,
actos inesperados,
algo que no muchos irán a entender.

Pero otro día, otra noche,
muchos pensamientos,
mucho tiempo.
Ojos indescifrables
bajo la lluvia
tejiendo y destejiendo
el mismo sudario una y otra vez.

### Let's sing to the last drops of doubt

Ayer
veíamos desfiles
por nuestras
ventanas de cartón.
Ayer
un segundo
podía cambiar el mundo.
Ayer
no era más
que éxtasis;
pero nadie lo quiso aceptar.

La brisa era tenue.
Y las ruletas, asesinas.

Ayer fue otro día
que no sucedió.

## Copihue

Recuerdo tu cuerpo, ingrato, danzante;
que impulsaba mis deseos y más que eso,
el radiante conocimiento en la versatilidad e infinidad de los
diálogos
algunas pesadillas, algunas emociones,
que cosechaban belleza en el lugar desde años atrás.
El pequeño vacío que producía, el temor y la malicia,
tardes de películas tan frías como nosotros,
perfectas para destrozar un corazón.

Diálogos inesperados
que dirigían escenas jamás vistas,
terminaron por un momento,
en noches de calor, buscando el piso frío,
huyendo del colchón…

Suave y desastrosa Copihue,
desolada de por vida en tu disfraz,
nunca traicioné tu débil voz,
pero nunca has podido ver la realidad.
Te escondés nuevamente,
detrás de ideas y puños,
sin saber quién sos,
olor profundo a coco y dolor.
Y a pesar de haber estado ahí,
de sostener tus ojos entre mis manos y haberlos besado,
decido hacerme ciego y huir,
a falta de palabras que estimularán mi audición.

Puede que sea verdad,

puede que sea yo el dios, el demonio,
vos, la desesperación y el reconfortante sentido de comunión,
pero por algún tiempo es mejor desaparecer.

Oh, Copihue,
con esa fragilidad que yo conozco,
me has de parecer más que hermosa;
aún con esas capas que desprestigian quien sos,
no sos la única que lucha consigo misma y no sabe qué hacer
pero hasta dentro de algún tiempo (tal vez)
no bastarán las ganas de decir adiós.


## Cuando te canses de mí


Pequeñas horas se van volando.
Pequeñas memorias comienzan a arder.
Pequeñas sonrisas,
pequeñas heridas que sangran.
Pequeñas bombas causan muertes,
pequeñas ideas causan vida.
Relojes sin manecillas.
Las ideologías del ser humano.
Las fantasías de la mente.
La incomprensión de nosotros mismos.
La saciedad que nunca vamos a calmar.
Pequeñas realidades en nuestras ficciones.


Y pienso:
<<Cuando te canses de mí...>>.
<<¿Cuánto tiempo más estaré aquí?>>.
Cuando llegues al fin.
Cuando te despiertes una mañana.
Cuando nadie más esté allí.
Observarás la destrucción del final.

Y no le hayas entendido una palabra a aquel ángel en uno de
tus sueños.
¿Cuál será esa cara?
Cuando se te vayan todos los pensamientos.
Cuando no haya lugar para ir.
Cuando tu corazón deje de latir.
Cuando protestes y no haya ni un alma ahí para escuchar.
No...
Tu cara no será de felicidad.
Y no haya nada más que rectificar.
Cuando te canses de vivir.
Cuando te canses de ti.


## **Historias típicas**

Gentilmente,
escucho tu canción
aunque me importe poco,
aunque me revivan en inviernos dolorosos.

Tus ojos se llenan de agua,
no entiendo por qué...
Me quedo mudo
y mis palabras se pierden al igual que yo.

Algún día nos volveremos a ver,
más perdidos que ayer.
Colchonetas sucias,
serán nuestros días;
entre viejos libros de psicología.

Las risas y los gritos,
mi sangre en tu vestido,
el pasado hirviendo

y la cordura ya no es lo que fue.

Sonarán bombos
y te abrirás las venas.
Lloraré
entre los demonios que salen de tu cuerpo.

Esa es la típica historia;
que aquella mujer de cabellera infinita
entre palabras sin libros,
me advirtió.

## **<u>Tus vidas</u>**

Te seguiría conociendo cada vida.
Otra vez...

Con tus ojos que me hacen recordar,
con tus manos que me hacen entender,
con tus besos que destruyen lo que creo ser.

Con solo verte,
sabría que esto ya lo viví...
Por tu alma,
que es parte de mí.

Te seguiría conociendo cada vida.
Otra vez...

Te escribiría los mismos poemas.
Otra vez...

Tomaría tu manoy bailaría contigo,
hasta morir;
otra vez.

## <u>Sexo</u>

*"Al principio de placer le sobreviene el principio de realidad".*
*Sigmund Freud*

Paquete de fósforos en el bolsillo izquierdo,
para concentrarse en el fuego
y poner a arder
todo mi entorno.

Humo que nace,
como señales en las montañas,
desearía ser así de libre
y desaparecer en el aire.
Convertirme en dióxido de carbono (¡Por más bajo que sea!).

Dicen que hay que comenzar desde abajo,
ser sodomizado, para después reinar.
Quiero ser esa gota de sudor,
la que deja de importar al caer al suelo.

A veces desearía simplemente no sentir,
no quiero ser la piedra que sostiene tus puertas.
A veces desearía simplemente no sentir,
no quiero ser el libro que alguna vez quisiste y no volviste a
leer.

Rollos de 35mm,
rodean las paredes ondeadas,
enciendo un fósforo
y ardo yo también.

Noches blancas,
llenas de insomnio, llenas de sed;

Biblia en la mesa, vino en mis pies...
Desconcierto al respirar, no sabiendo si esto es real.
Cera pegada en la parte baja de mi espalda,
para saber si estoy despierto.

Restos infortuitos pegados en mi barba,
soy un pequeño adorno en algún rincón de tu habitación.
Me desvanezco al abrir la boca,
al presenciar la profundidad.

Hay veces en las que desearía no sentir.

Y me veo corriendo en pasillos sin fin...
Outro de piano sentimental,
¿qué dice más que los ojos rojos
y los sombreros que caen,
que los manuscritos que vuelan,
se destapa lo que no se puede decir?
No debería sentirme así...

Hay veces en las que desearía no sentir.
No preguntar.
No importar.

Corro por las habitaciones
y floto en el agua,
veo todo, entiendo todo...
Pero al mismo tiempo dejo de existir.

Hay veces en las que simplemente...
No quisiera sentir.

## Volver

A veces quiero soñar.
A veces quiero andar.
Pero siempre quiero encontrar
las palabras que perdí,
las palabras que se tragó la noche
y fueron las que me trajeron aquí.
A veces la oscuridad es completamente blanca
y ella me ciega.
A veces me abriga el frío,
y después me quemo.
A veces quisiera saber
dónde quedé en el laberinto...
Tal vez yo busqué palabras,
pero tal vez ellas me busquen a mí
y sea yo el que me perdí...


## Inscius Senex Transitus

En aquel día, tan falsamente soleado...
Al mirarme al espejo no pude reconocer mi rostro.
¿Cuáles eran las razones?

Lo primero que hice al estar inconsciente, fue atravesar aquel
viejo y estrecho portón.
En el momento que mis pies tocaron suelo, empecé a caminar.
Me estaban guiando y yo simplemente los seguía.

Con cada paso se enervaba mi cuello, con cada respiro que
daba
surgía una nueva pregunta que no tendría respuesta.

En medio de la vía, seguía unos rastros de sangre que me
direccionaban a mi Destino.
Con un golpe en el corazón, una nueva pregunta, probable-
mente la única que iría a recordar;
<<¿Por qué yo?>>.


El césped dibujaba los contornos de aquel camino, el viento
soplando,
rebosante en mi rostro.
En medio del camino encontré diversos restos...
Restos de una tumba una vez profanada, una vez llamada
mente,
una vez incluso llamada alma.


Observo algunas criaturas a la orilla, esas no fueron hechas
para volar,
pero tampoco fueron hechas para reptar...
Sino que observan ese camino, quietas, sin pensar,
con la vista de aquella bahía helada, detrás.
Y con un dolor en mi garganta, pregunto;
<<¿Por qué yo?>>.


Las preguntas son tan curiosas,
caen en su lugar al igual que un puñado de arena en nuestras
manos...
La mayoría de ellas caen otra vez en su conjunto infinito,
otros granos permanecen...
Hasta que se lavan las manos.


Tal vez haya más dentro de mí, que no conozco...
Un asesino.
Un asesino sin rostro que también está en los demás.
Que se mueve como el viento y pasa por mi sombra
de arriba a abajo...
Desde que fui un pequeño niño.

<<¿Por qué yo?>>.

Los restos son parte de mí.
La sombra no está detrás de mí.
Fotografié cada esquina de aquel lugar
que iría a recordar.
Fotografié cada página de ese libro,
no quería olvidar.
Fotografié mi sombra...
Ese soy yo.
Fotografié mi rostro...
Esa fotografía nunca se reveló.
Fotografié a diferentes personas
y los escalofríos de mi cuerpo, se apoderaron
y de nuevo, me enfrío y se contrae mi espalda.
Y de nuevo la pregunta:
<<¿Por qué yo?>>.

## **Un paraíso que me hace querer llorar...**

El tiempo, la mentira más grande de una historia con final.
Veo los colores de mi alma, azul oscuro, fondo negro
olores y sonidos tan amigables en este momento.

Rezar por alas en este precioso momento.
Más allá de las espirales de la mente,
veo una tumba y una serie de palabras.
Detrás de la espina, es donde las historias se crean...
Solo una fase.
Conocer lo eterno.

Seguí esa ruta, de manchas, sin fin...
Seguí mis sentidos.
Seguí los números laterales
que me llevaron a través de esa espiral.

Borré las preguntas
hasta que mis pies se toparon con mis propias huellas…
Huellas de mi sombra
en el lugar donde empecé.

## <u>Alexa</u>

Son esas palabras las que escucho al caminar
cuando veo tus ojos,
cuando he buscado y no he encontrado
mil vidas que han pasado
y un alma que grita;
<<¡Estoy aquí!>>.

Pero he deseado recorrer estas calles contigo, todavía antes de
conocerte
y con tu sonrisa dibujo montañas y valles en los que quisiera
vivir.
Las huellas en mi cabeza se han perdido.
Tenía un plan, pero es mejor seguir sin equipaje.
Bailar y que las estrellas nos canten
aunque sea solo por una noche.

Desearía vivir un verano en España,
pero lo cambiaría todo por ti,
porque es más lo que me haces sentir
en un puñado de segundos.
Me diste las pautas para una nueva historia.

En otros sitios, nos pudimos ver las caras
pero cuántas veces puedo soñar con un beso tuyo
y libros que vuelan por aquí.
Tantas cosas que podría decir
y lo que me haces sentir… Cariño.

Son imágenes las que trago
en 539 horas que han pasado.
Es al adiós a lo que temo.
Las huellas en la arena del momento en el que nos conoci-
mos.


Y el color de tu pelo rubio al ponerlo sobre tu almohada
como una tormenta de arena que azota sobre el desierto.
Me ilumina con los rayos de tu sol,
me agarran del cuello y me hunden otra vez.


Quisiera cantar una canción de amor.
Quisiera escribir algo más.
Quisiera implotar e irme por un agujero
pero tus manos me enseñaron calles y avenidas por las que
podríamos cruzar.
Dos veces he escuchado tu voz.
Te conozco de otra vida… Y no quiero partir.


Canciones perdidas, suenan sin cesar
provenientes de cajas de músicas difíciles de parar.
Frases en italiano, que intento completar.
La perspicacia que no tiene fin.
Cuarenta y nueve constelaciones que brillan hoy solo para mí.


Me han dicho, que llevas un tiempo por aquí,
tal vez nos podamos ver y hacer esto de una vez.
Cuán dulce sería, el verte sonreír
y morir junto a vos por primera vez.


Todo esto, aunque sea por una vez.
Cariño.

## **<u>Otoños</u>**

El silencio escribe una melodía
en tardes lluviosas como estas
que me recuerdan al otoño de mi pasado,
a los meses rojos que nunca pude sobrevivir.

Los pasos y las palabras se mueven como una
y en mi cabeza trato de admirar
los granos de arena
infinitos en el mar.

Trazaré nuevos planes, una vez más.
Antes de que la última estrella dejara de titilar
es impulsiva la forma de hablar,
y los recuerdos que ahogan mi ser.

El frío escribe en mi piel
versos sin contextos
en armonía con lo que soy.
Escribe palabras que dije.
Algunas otras que escuché.
Actos que presencié.
Memorias que no recuerdo
y otras que futuras serán.

Me convierto en pedazos.
El soplo de aire que me difumina por el lugar.
Otoños grises en los que no puedo hablar
en los que tengo más de una cosa que completar.

¿Cómo puedo desaparecer, si mi cuerpo se empeña en renacer?
¿Cómo puedo olvidar, si me concentro tanto en ello?

¿Cómo adorar este nuevo amanecer?

El sol rebosante, escribe palabras en mi cuerpo desnudo.
Una lista de deseos que creí no existente.
Instrucciones para volver.
Versos que mi corazón late.
Lágrimas y gozos que desbordan vida.

Un horario de trenes en mi bolsillo.
Un reloj de arena en el otro.
Puedo huir.
Puedo crear.
Puedo fingir.
Puede que todo valga la pena antes de decidir.

Una vez más volverán
a noches desiertas en calor,
y volverán visiones que alguien más puso en mí.
Noches sin poder dormir,
cartas que nunca pude escribir.

Estas noches, llenas de neblina.
Esta lluvia tan intensa.
Los relámpagos que iluminan todo mágicamente por segundos...
Y mi voz
me recuerda a otoños en escalas de sentidos,
que faltan por datar.

## 11/11

Conozco un océano oscuro
que se posa sobre mí con forma de nube,
diferencio sus texturas, sus profundidades;
y en él, encuentro miles de figuras, polvo de estrellas

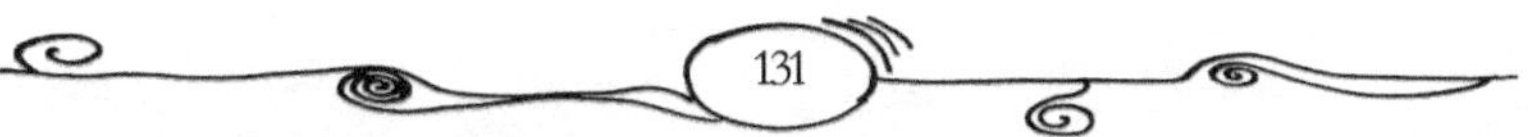

e histeria que se reproduce con un aire frío y su respectivo
vendaval.

Hasta la fauna se mira hermosa con su sombrío resplandor.
Hasta mis manos se ven reales con su bello eco interior.


No existe momento más interesante
que ver el cielo fundiéndose con el negro,
ver los árboles luchando para seguir de pie,
verme a mí mismo atrapado en un espejo;
para que al final llegue algo similar a la paz, pero más bello.


El vendaval se pierde en la tierra
y todo está precisamente donde debe estar.
Todo el silencio renace con una gran sinfonía.
Pareciera que no importa mucho más.


Me encuentro soñando por el cielo.
Meciéndome en un frío sin briza
que me da un segundo más.
Lo veo todo
y con la punta de mis dedos llego más largo.


Todo es una bienvenida
a lo demás.
Lo olvidado.
Nuestra vida se llena con lo olvidado.
Las pequeñas alegrías, los tiempos más bajos.
Todos ellos, Presentes en lo que soy.
Nunca he creído en que la magia me llegue a salvar
pero me gusta vivir en fantasías.
Nunca he tenido guías
pero los sueños y los símbolos nunca han parado de hablar.
Sé que la luz de las velas, no es infinita
pero las puedo hacer así en mí,

en lo olvidado.

Nunca me he caído
sin antes haberme levantado
y el mismo dolor
es parte de lo que soy.

Quisiera muchas veces
ser parte de algo más.
No ser un ángel, ni un santo, solo ser dios.
Los pasos nos llevan por diversas rutas.
Hay que enfrentarlo, no las conocemos todas.
No sabemos lo pequeños que somos.
No sabemos dónde estamos.
Somos un pequeño punto dentro de lo olvidado.

Es tiempo de irse
y nos dejamos ir poco a poco
dejando que el cosmos nos fume.
Todos los sueños de los que alguna vez hablé.
Las huellas en la arena que tracé.
Las palabras que escuché.
Los pensamientos que me tragué.
Hay más de nosotros en lo olvidado
que trasciende en el cosmos,
en el cosmos dentro de nosotros.

Nos llenamos ante un nuevo amanecer.
Somos lo olvidado de nuestro ser.
No existe el ayer.
Nos extendemos hacia lo que se desconoce.
Las estrellas son nuestro altar.
Somos el cosmos que respira,
trasciende y se pierde en la infinidad,
antes de nuevamente;

despertar…

## **En el Norte**

*Escribo somnoliento y es para decirte,*
*que sé que el invierno se ha prolongado más de una temporada*
*y las madrugadas se han vuelto más pesadas,*
*como ésta, en la que lucho por poner mi mente en blanco,*
*me traiciona y empiezo a sentir miedo.*

*Caminé blancas calles, donde el frío, el cielo, las caras, el escenario,*
*me hacían cuestionarme; y entre tantas cosas,*
*casi podía recordar aquello de lo que intento escapar.*

*Sé que no es vida*
*el huir así*
*pero ya va siendo un tiempo en el que no sé qué es vivir.*

*Vi la lluvia naciendo y cómo se perdía en los parabrisas.*
*Vi el calor que salía de sus bocas al mentir.*
*Vi ángeles con ojos negros que nadaban conmigo.*
*Vi la portada de la pesadilla que no quería poner en mí.*
*Sé que ya has pasado por aquí.*
*Hace unos días en una extraña mañana*
*vi la ciudad por la ventana*
*y el fuego hizo que pareciera una imagen familiar.*

*Pasé por todas estas calles con mi mente*
*y las conocía muy bien.*
*Hundí mi cuerpo en la bañera*
*y vi lo que debía hacer…*

*Te escribo esto aunque nunca lo vayas a ver,*
*pues según recuerdo, vivías en el desierto*
*y no tienen calendarios ahí.*

*Te escribo porque este inquietante sentimiento no me deja seguir…*
*En una de tantas puertas sin llave de la ciudad,*
*escuché un sonido que me causaba morbo y quise entrar,*
*vi una cara pintada con flores en los dientes,*
*le sangraban sus ojos, su cuerpo estaba desnudo y helado,*
*pero no sentí nada.*
*Al ver mi reflejo en el espejo, no supe quién era.*
*No espero que me digas quién soy.*

*¿Qué iba a hacer?*
*Si soy yo el malabarista y mis manos están atadas.*
*Caí en el río y no lo dudé.*
*Lavé mi cabeza y limpié mis pies,*
*supe que no había nada que temer.*
*En algún momento pensé escuchar tu voz,*
*pero se la llevó la corriente con todo lo demás.*

*Amanecí en el bosque,*
*parecía un templo olvidado en ningún lugar,*
*supe que no había nada que dudar.*
*Pensé en tus manos,*
*que de seguro están dispersas en el mar…*
*Tu alma, sé que aún vaga por aquí,*
*aunque ya no la pueda sentir.*

*Sinceramente,*
*F.*


## Agujeros de diversas e infinitas profundidades

Dame paz.
Dame el calor y el silencio,
que resuena en belleza

y muere en el último suspiro...
(Antes del final.)

Lléname de calma,
danza con ímpetu
y crea eco con la vicisitud
que flora de tu ombligo de oro.

Es tarde,
pero no lo suficiente.

Flota con la belleza del humo,
en un lugar sin briza...

Llora tambores,
en la orilla del mar,
observa la verdadera naturaleza
y que el cielo pueda ser hogar.

Maravíllate de la gracia
que brota, tenue, incandescente
del corazón de arena,
que lava el agua,
que existe en la piel
y comienza en nada.

Construye con manos de aire,
un jardín de sentir,
con lágrimas de Pitaya,
que hacen eterno el Alfa.

Dame paz,
dame calma,
dame la belleza
de saber;

que por hoy,
esto es el final.

# Fin

*Editorial Eva se desvive por su comunidad lectora, por lo que estaremos a la espera de tus comentarios, sugerencias, entre otros.*

email: editorialevapap@gmail.com

Editorial Eva
Las hermanas Argueta
(L.H.A.)
Heredia,
Costa Rica.

www.ingramcontent.com/pod-product-compliance
Lightning Source LLC
Chambersburg PA
CBHW021003160726
47994CB00006B/2354